[美] 马文·M．沃泽尔（Marvin M. Wurtzel）著
姜 胜 译

WHAT IS
BPM

什么是业务流程管理（升级版）

组织价值链管理和流程改进的突破性战略

BPM

电子工业出版社
Publishing House of Electronics Industry
北京·BEIJING

Marvin M. Wurtzel
What is BPM?
978-0-07-180225-3
Copyright © 2013by McGraw-Hill Education.
All Rights reserved. No part of this publication may be reproduced or transmitted in any form or by any means, electronic or mechanical, including without limitation photocopying, recording, taping, or any database, information or retrieval system, without the prior written permission of the publisher.
This authorized Chinese translation edition is jointly published by McGraw-Hill Education and Publishing House of Electronics Industry.This edition is authorized for sale in the People's Republic of China only, excluding Hong Kong, Macao SAR and Taiwan.
Translation Copyright © 2021 by McGraw-Hill Education and Publishing House of Electronics Industry.

版权所有。未经出版人事先书面许可，对本出版物的任何部分不得以任何方式或途径复制传播，包括但不限于复印、录制、录音，或通过任何数据库、信息或可检索的系统。

本授权中文简体字翻译版由麦格劳-希尔教育出版公司和电子工业出版社合作出版。此版本经授权仅限在中华人民共和国境内（不包括香港特别行政区、澳门特别行政区和台湾）销售。

翻译版权©2021 由麦格劳-希尔教育出版公司与电子工业出版社所有。

本书封面贴有 McGraw-Hill Education 公司防伪标签，无标签者不得销售。

北京市版权局著作权合同登记号　　图字：01-2013-6505

图书在版编目（CIP）数据

什么是业务流程管理：升级版 /（美）马文•M.沃泽尔（Marvin M. Wurtzel）著；姜胜译.
北京：电子工业出版社，2021.2
书名原文：What is BPM
ISBN 978-7-121-40327-9

Ⅰ. ①什… Ⅱ. ①马… ②姜… Ⅲ. ①企业管理－业务流程 Ⅳ. ①F273

中国版本图书馆 CIP 数据核字(2020)第 269793 号

责任编辑：刘淑丽
印　　刷：天津千鹤文化传播有限公司
装　　订：天津千鹤文化传播有限公司
出版发行：电子工业出版社
　　　　　北京市海淀区万寿路 173 信箱　邮编 100036
开　　本：720×1000　1/16　印张：10　字数：99 千字
版　　次：2014 年 1 月第 1 版
　　　　　2021 年 2 月第 2 版
印　　次：2025 年 1 月第 12 次印刷
定　　价：59.00 元

凡所购买电子工业出版社图书有缺损问题，请向购买书店调换。若书店售缺，请与本社发行部联系，联系及邮购电话：(010) 88254888，88258888。
质量投诉请发邮件至 zlts@phei.com.cn，盗版侵权举报请发邮件至 dbqq@phei.com.cn。
本书咨询联系方式：(010) 88254199，sjb@phei.com.cn。

推荐序一

流程就是执行力

2012年中粮集团开始全面推行标杆管理（Benchmarking）。作为一种管理方法，标杆管理很快得到了大家的认同。但是在推行的过程中，我们感觉到，要想让标杆管理完全落地，并不是一件容易的事。越是管理基础薄弱的单位，越不容易落地。因为标杆管理并不是简单的对比，它是一种系统的管理方法，其核心是持续改进。如果只看结果，不看过程，标杆管理就只能产生改进的动力和压力，而不能真正实现持续改进。经过分析，我们发现，标杆管理不能落地的一个很重要的原因是这些组织缺乏流程管理，缺乏纵横结合的流程思维，缺乏对价值创造过程的系统性认识。

由此可以看出，流程管理是企业管理的一项基础性工作。对于企业管理者来说，流程管理绝不是细枝末节的东西，不是可以拿"抓大放小"当借口而忽视的东西。流程管理是企业运营管理的基础，也是管理的核心！在某种程度上，甚至可以说，管理者

WHAT IS BPM?

的主要工作就是流程管理，因为日常的工作、固化的工作、经营性的工作都有下属各负其责，领导者的主要工作就是要让流程与战略保持一致，让流程正常运转，让流程不断优化。管理的本质不是组织的运转本身，而是使组织的运转能够达到目标一致且持续。领导者不是开车的人，而是设计规则的人。组织的持续运转，靠的就是流程管理和流程的不断优化。

在当前商业竞争趋于白热化的环境下，流程管理已经成为组织最核心的竞争力之一。有人说，企业的成功80%靠执行力，而执行力的关键在于流程管理。企业的战略可以靠少数精英的头脑来制定，但执行必须靠团队，必须有方法。流程就是团队执行的共同语言和共同方法。流程体现了一家企业的执行力。如果领导者不关注流程，团队就没有执行力。如果一个组织是靠领导拍桌子、下属拍胸脯的方式来运转，这样的组织就很难持续运转，因为这种管理方式已经过时了。

本书就是帮助企业领导者了解流程管理，它的特点是轻薄、精要、易读。我的同事姜胜在工作中感受到了流程管理的重要性，并且利用业余时间将本书翻译出来。本书值得每位领导者读一读！

李金鑫

中粮集团人力资源部培训部总经理

推荐序二

20世纪90年代兴起的业务流程再造（Business Process Re-engineering，BPR）在导入中国以后，大多还停留在时髦的管理概念上，而今天越来越多的中国企业已经感受到了来自战略和竞争的压力。流程和企业战略严重不匹配已经成为当前的突出矛盾，正如BPR创始人Hammer说的那样：生意越来越难做了。

过去靠市场机会驱动和粗放式管理，就能迅速将企业做到较大规模，但现在这样的机会不多了。今天，不管多大的企业，只要是非垄断的，都得直面竞争带来的变化：商业模式和产品的创新速度不断加快，客户越来越挑剔，利润率逐渐下降，核心人员流失。流程已经成为企业实现新成长必须跨越的门槛——通过优化流程提升对市场的响应和交付能力，通过持续改进流程不断提升组织能力。与此同时，流程管理理念的导入，也对企业长期形成的人治习惯提出了挑战，企业还得承受职业化管理转型带来的变革阵痛。

WHAT IS BPM?

企业要想提升自身的运营能力，还要从文化上下工夫，只有真正认识到流程在思想文化层面的价值内涵，才能实现从管控型组织向流程型组织的转变——前者突出权力控制，后者突出价值创造；前者以上司为中心，后者以客户为中心。这是组织文化的分水岭，不同的选择决定着企业未来的命运。

业务流程管理（Business Process Management，BPM）的历史要比 BPR 短，两者有很大区别。BPM 侧重对流程的持续管理，是流程从构建、运作、评估到持续改进的管理循环，而 BPR 是阶段性的、大幅度的流程变革。没有 BPM 作为保障，突发式的变革风险是很大的，何况现在国内大多数企业还不具备这样的变革能力。

大家提到 BPM，首先想到软件，这是很大的误区。目前在中国，很多人把 BPM 当成业务流程管理软件的代名词。企业应该先关注流程优化，其次才是软件固化，之后还得定期或不定期地对流程进行审视和再优化，然后再固化，这样反复循环。如果将没有竞争力的流程直接固化到 IT 系统，我们最终会失去客户。

多年来，我在国内还没有找到一本权威的书籍能够系统地解析什么是业务流程管理。当本书译者姜胜先生找我写序时，我惊喜地发现，这本看上去薄薄的书，竟然如此准确、简练、清晰地解答了这个问题！

推荐序二

本书阐述了企业导入 BPM 的意义、对流程应有的认知、BPM 的四个阶段（建档、评估、改进、管理），以及提升流程成熟度的路径，同时简练而准确地解释了 BPM 和包括六西格玛、精益原则在内的其他管理改进工具的联系，以及 BPM 和 BPMS（BPM 套装工具）的关系。

中粮集团大力推进的标杆管理（Benchmarking）正进入以流程为核心的内部对标阶段，该项目组的姜胜先生在研究实践中发现，以规范、严谨的业务分析和流程架构为基础的对标，才真正为企业的持续改进提供了一个宽阔而坚实的平台。从方法层面来看，BPM 和标杆管理的结合，给管理者提供了一个解剖企业、分析差距、寻找最佳实践、部署改进、不断提升的方案框架。姜胜先生根据美国生产力与质量中心（American Productivity and Quality Center, APQC）的推荐，阅读并翻译了本书。本书对国内正在或将要实施 BPM 的企业高层决策者、中层推动者，以及将要从事 BPM 的专业人员，都有较高的学习和应用价值。

陈志强

流程与变革管理专家

杰成咨询董事长

目 录

第 1 章 业务流程管理导论 1
简介 2
与组织绩效连接起来 3
BPM 适合做什么 4
BPM 基础 7
结论 11

第 2 章 为什么需要 BPM 13
业务流程的重要性 14
为什么许多组织不用流程术语来阐述战略 16
BPM 有何不同 19
BPM 能带来什么 21
该怎样使用 BPM 22
结论 23

第3章 理解流程 25
流程的基础概念 26
一个组织中业务流程的典型数量 28
流程的分类 29
流程的定义 30
价值链中的组织形式 32
价值链流程 33

第4章 BPM 的生命周期阶段 35
BPM 的生命周期各阶段定义 36
建档阶段 37
为核心流程或价值链流程建档 40
评估阶段——"测评不了，就管理不了" 44
改进阶段 51
管理阶段 53

第5章 流程改进（改进阶段的工具） 57
改进阶段的基本概念 58
绘制流程图与改进 61
仿真 65
流程再造 69

WHAT IS BPM?

  六西格玛 72

  DMAIC 解决问题的过程 75

  六西格玛设计 80

  精益方法 82

  持续改善 85

  精益六西格玛 87

  结论 88

第 6 章 流程管理 91

  流程管理的基本概念 92

  发起并展开新的项目集来推行 BPM 93

第 7 章 流程化管理的企业 103

  流程化管理的企业的关键元素 104

  迈向流程化管理的路线图 106

  流程成熟度 110

  真正流程化管理的企业的 7 个特征 114

  面向流程的管理 115

第 8 章 BPM 的工具和技术 119

  BPM 工具和技术的主要分类 120

BPMS 121

BPM 和 BPMS 是最佳实践 126

BPM 和 BPMS：以改进业务流程为共同目标 129

结论 132

第 9 章 BPM 资源 135

BPM 社区 136

流程改进工具包 140

第1章

业务流程管理导论

WHAT IS BPM?

 简介

　　许多组织，包括商业企业、非营利组织和政府机构，都想获得更高的生产率、更好的质量和更快的速度，这就要求管理者不断寻找技术和方法实施改进。精益原则、精益六西格玛和全面质量管理（Total Quality Management，TQM）就是这样的方法。这些技术和方法帮助一些组织取得了显著的改进，但是更多的组织却不能维持这种改进的势头。深层次的原因是战略执行和日常工作流程脱节了，而恰恰是这些日常工作流程在为客户创造价值、给股东创造回报。之所以脱节，主要原因是这些组织没有把内部相互关联的流程看作一个整体，他们只看到了软件开发流程，或者只看到了商业交易流程，或者其他具体部门的业务流程。要想获得竞争优势，对业务流程进行全范围的改进是至关重要的。

　　组织的战略告诉我们什么是应该做的，而组织的流程则告诉我们应该怎样去做，或者战术层面的日常工作应该是什么。建立业务流程框架有助于改进问题的解决方案。这个框架必须强调业务流程的采集和建档工作，并且指标的定义要能真正代表流程的每个环节应该达到的绩效水平。换句话说，组织应该将焦点放在

改进关键业务流程的成熟度水平上。

 ## 与组织绩效连接起来

许多管理团队认为他们的组织是基于流程的,他们深谙他们的产品和服务是如何交付给客户的。实际上他们并没有真正理解工作的实际执行情况。业务流程管理就是为管理团队和组织展现一个清晰的图景,以描述出工作的实际执行情况。

组织绩效要求管理者很好地理解和执行战略。战略执行不好可能归咎于以下多个因素:

- 经济;
- 竞争;
- 组织的传统观念;
- 市场。

还有很多其他因素。一旦出现这种情况,管理者将采取当前条件下各种各样可能的措施去解决问题。他们会着手发起一些改进行动,如六西格玛、精益生产、流程再造等,但是,如果他们对自己的产品和服务是如何生产出来的没有一个清晰的图景,他

WHAT IS BPM?

们获得的效果将微乎其微。BPM 就是给管理者提供的一个清晰的图景,即工作是如何实际执行的。

BPM 适合做什么

BPM 就是定义和管理组织端到端的流程或价值链流程以改进执行的结果。这听起来比较简单,但实际上很多组织要么没有流程管理,要么流程管理执行得也比较糟糕。图 1-1 展示了从战略到结果的过程,其中用灰色标出了价值链流程。但是,只有当这个过程得到很好的执行的时候,这个过程才能为组织产生应有的输出结果。BPM 听起来简单,但它和传统的管理思维存在冲突。大多数管理团队习惯于按照组织职能架构的模式来认识和理解自己的组织,他们对于工作过程究竟是怎样完成的知之甚少。

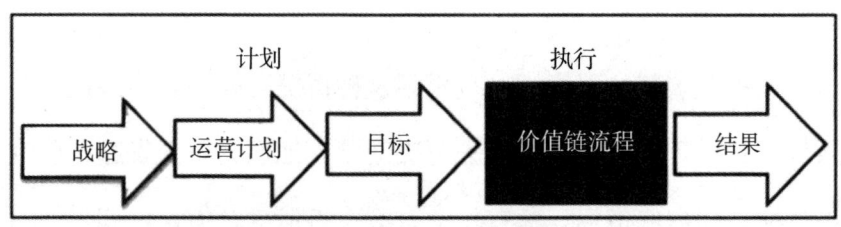

图 1-1　从战略到结果的过程

有不少组织把 BPM 看作流程自动化的方法,因为他们投入了大量资金来部署各种各样的软件系统,并采用一些自动化工具和方法让数据从一个系统传到另一个系统。如数据自动化界面,就把企业资源计划(Enterprise Resource Planning,ERP)、客户关系管理(Customer Relationship Management,CRM)、供应链管理(Supply Chain Management,SCM)系统组合起来。然而,执行一个流程建档的项目,远不是把各级系统像搭建一个自动信号灯流程一样简简单单地捆绑在一起那样简单。

实际上,并不是所有复杂的业务流程都能实现完全自动化,原因如下:

- 人是流程的一个内在组成部分;
- 流程中总会发生难以预料的错误和意外情况;
- 复杂的流程步骤并不能轻易地简化成数字化的业务规则。

任何一个流程活动都应当与一个强大的流程管理组件,如 BPM 结合使用,这样才能准确地识别出哪些流程需要改进,哪些流程需要重新设计或再造,以便消除或减少那些产生大量错误、造成时间浪费,或者给企业带来大量成本的步骤。流程是可以自动化的,但像之前提到过的那样,流程改进的目的并不能简单地理解成流程自动化。虽然 BPM 常常需要与自动化结合考虑,但

WHAT IS BPM?

自动化并不是 BPM 的唯一目的。把核心业务流程控制起来、管理起来，才是 BPM 的真正目的。

组织的本质就是让一群人在一起工作以实现一个共同的目标。为了实现整体的成功，决策和行动必须在单个贡献者和职能部门间协调一致。同时，他们必须在一个合理的成本基础上连续生产出客户满意的结果。业务流程的输出是在这些因素的共同作用之下产生的。

在通常情况下，管理团队会采用一种自上而下的结构化的方法来制订计划、执行计划，如图 1-2 所示，但这种模式会让大家聚焦每个垂直的职能部门，就像在一个深井里工作一样。关键是，为客户创造价值的流程实质上是跨部门完成的。

毫无疑问，绝大多数组织的框架是基于组织级的质量承诺设计和建立的。六西格玛、持续改善、运营优化、精益原则、精益六西格玛，诸如此类的质量方法也会培育流程持续改进的文化。这些方法通常被放在一个垂直职能的环境里执行，容易导致流程的局部优化，而实际上无法得到本应该从总体层面出发的跨职能的考虑。

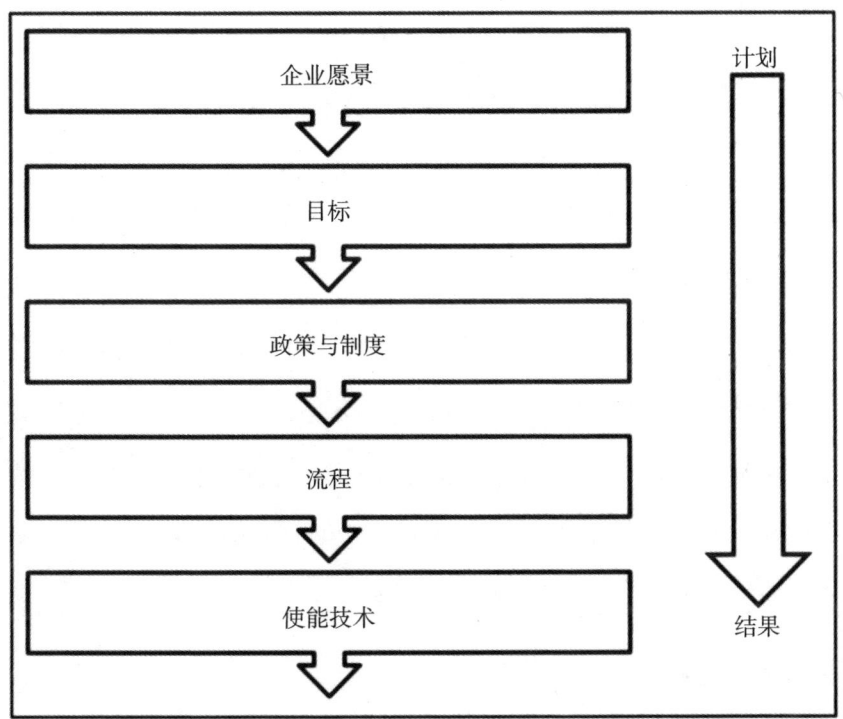

图 1-2 业务框架

 BPM 基础

业务流程的简要定义是"为了既定的目标而采取的一系列步骤"。因此,流程就是让人们根据预先制订的行动方案和计划,以一种系统化的方式反复执行相关任务。流程是把总体计划和方针转换成规范的决策和行动的一种方式,它建立所需要的行动、时

WHAT IS BPM?

间规划和活动序列。可以这样来描述业务流程：它是关联的、结构化的活动或流程（事件或活动链）的集合，从而为组织内部、外部的特定客户或客户群生产具体的产品或服务。一个业务流程通常会横跨多个业务部门，如运营、物流、IT、财务和法律部门。

BPM 提供了一种重新认识职能组织及其活动的直接且很强大的方法，以看出那些战略性的或核心的业务流程——价值链究竟是如何运作的。它帮助我们从复杂的组织架构中理出头绪，找到那些真正处于业务核心位置的流程。图 1-3 是一个典型的组织架构图，其中横向的价值链流程例子描述了它们跨越多个部门的真实情况。

之所以要实施 BPM，就是为了理解组织是如何通过构成价值链的一组流程为客户创造价值的。这些业务流程是为客户生产产品或服务的日常活动，并最终产生收入和利润。对这些流程进行管理、改进，或者应用一些技术是组织取得成功的关键。

BPM 提供了一种图形化的方式，展示出哪些地方需要进行管理，以及如何在一个正确的细节"高度"上识别一系列的活动并进行测评。记录什么、测评什么，是任何一个组织都应该完成的工作。通过测评情况，组织才能做出基于事实的决策和更有效的决策，得出更好的问题解决方案。

第1章 业务流程管理导论

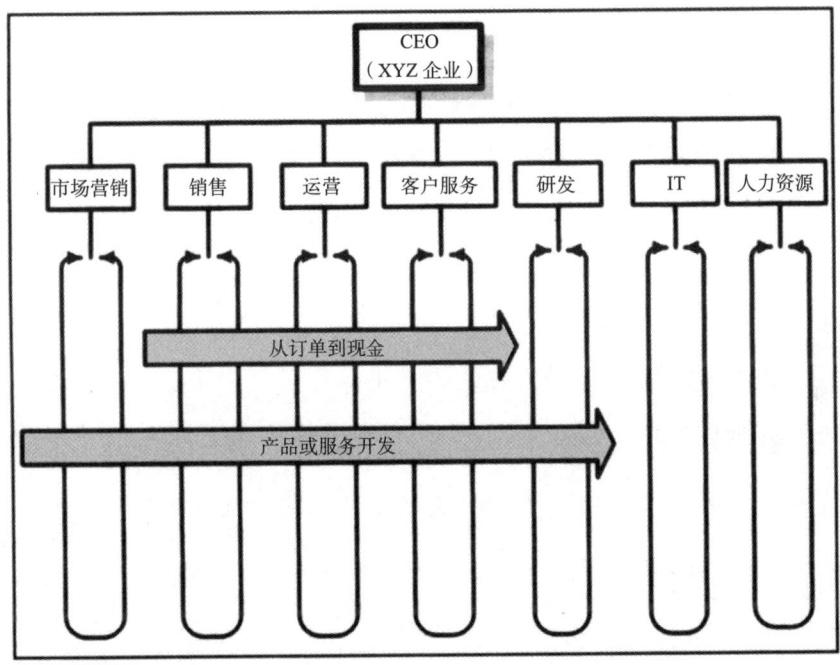

图1-3 一个典型的组织架构（内含价值链流程示例）

BPM有如下好处：

- 提供一个框架，以识别为客户创造价值、为股东创造回报的核心业务流程和价值链；
- 建立一个图示，展示关键业务流程，以及关键业务流程之间、关键业务流程和支持业务流程之间的相互关系，从而在组织内部达成共识；
- 定义端到端的活动（工作）在组织内部如何得到执行，从而为客户交付价值；

WHAT IS BPM?

- 洞察组织的关键职能部门是如何执行业务流程的，以及它们之间的相互依赖性；
- 洞察哪些活动需要测评、如何测评，以及如何与薪酬制度挂钩；
- 在以上工作完成后，决定如何采取优化措施。

组织具体实施 BPM 时，第一步，也是最为重要的一步是，要理解业务流程在系统里是如何交互作用的。这一步完成后，就可以用 BPM 的方法去查找带来系统性问题的地方。这样，组织就能够评估出哪些活动在为客户增加价值，哪些活动需要进行改进或重新规划。这个时候，管理团队就可以采用各种各样的流程改进工具，如六西格玛、精益原则、流程设计、流程再造等，最终目的是发动员工以更加高效的方式简化、改进、管理业务流程，直到在提升业务产出方面获得明显进步。

BPM 的最大特点是，它打破了原有的职能架构式的组织思维模式。在这种模式下，大多数管理者总是认为组织的工作或活动是在他们控制下的细微层面完成的。而实际情况是，工作是横向跨越整个组织，也就是跨部门完成的——很多部门都在为最终的产品或服务做出贡献。这种模式还有一个问题，就是组织的"内-外"视角，部门的焦点总会带来偏见。BPM 会建立一个系统模型，以展示组织实际运行的情况。这个模型显示出核心流程、价值链和各个流程之间的交互关系,并且强调这些活动的跨部门的本质特征。在合适的地方进行测评,就能看到客户视角的组织运行状况。

BPM 为组织提供了一种在全组织范围内校准流程(价值链)、优化绩效的方法。实施 BPM 将为组织建立一个数据流、人、系统、物质资源的模型,也就是建立了一个把流程与业务目标和市场需求统一起来的模型。BPM 的实施者会把价值链流程看作组织的战略资产,对其进行充分的认识、管理和改进,从而为客户提供增值的产品和服务。

结论

BPM 之所以成为一种与众不同的管理方法,是因为它聚焦于通过流程执行把组织和客户对接起来。它强调要理解核心流程是如何交互的,并持续改进、集成使能技术来提升效率和效益。可以这样来描述 BPM:它让组织传统的职能式管理模式,向流程式管理模式转变,从而让组织变得更加高效。

读书笔记

第2章

为什么需要 BPM

WHAT IS BPM?

 ## 业务流程的重要性

业务流程把组织里的不同部门连接起来。流程在独立的工作者和职能部门之间扮演着一个活动协调者的突出角色。业务流程沿着组织结构既纵向运行，也横向运行，一个流程的输出成为另一个流程的输入。

业务流程决定了组织在市场上销售的产品或服务的成本。使用标准化的流程可以更加廉价地处理重复活动。当给流程建好档，并有效维护的时候，就可以更加容易地向人们进行工作解释和授权，单个事务也就能够以更低的成本得到更快速的处理。这时只需要很少的监督即可，管理也成为一项简单的任务。

当要采取多种行动的时候，清晰定义的业务流程确保了决策和行动的一致性。这在内部控制和与客户打交道的时候非常重要。用来做决策、制订计划和指引行动的信息必须可靠。收集、记录、存储和传输信息需要定义清晰的流程。如果流程是经过良好的设计、建档、测评和维护的，那么这些信息将是可靠的。这样的流程给高级管理者提供了确切保证：将要实施的行动会在适当的时间、以适当的方式完成。

第 2 章　为什么需要 BPM

许多组织和高管并没有把业务流程看作重要的资源和资产。业务流程是企业的资源，就像其他实体工厂、设备、员工一样，它们同样需要管理、测评和维护。BPM 就是做这些事情的。

大多数管理者把组织理解成组织架构图上的各个部门的集合。他们之所以取得成功、得到晋升，是因为在某一个具体的业务部门做得出色，如运营、市场营销、销售部门。随着职位的不断提升，这些管理者逐渐远离日常工作，这些日常工作正是业务流程的一部分；这些管理者也就慢慢失去了对工作是跨部门完成的这一事实的认识。他们很少了解甚至根本不知道真正完成工作的业务流程究竟是如何组织起来的。

用职能式的片面观点来看待业务，会产生以下结果：

- 增加；
    - 周期
    - 检查
    - 成本
    - 返工
    - 工作区
    - 例外
- 减少。

WHAT IS BPM?

- 效率
- 质量
- 及时交付
- 客户满意度

 为什么许多组织不用流程术语来阐述战略

许多组织之所以不用流程术语来确切地阐述战略，是传统的职能式思维模式造成的。领导者在企业级的管理活动中不习惯用流程术语就是一个证明。相反，他们认为流程是很细节的问题，不过是一些办事的程序而已。很多管理者认为流程只提供系统的重复性的生产，与人员变动不相关。这种想法让他们宽心，因为没什么可以担心的。他们最终把流程与一些烦琐、严格的东西联系起来。在 BPM 的实践者看来，在大多数组织里，高级管理者的传统的职能式思维模式是绩效改进的最大障碍。确实，大量的事实可以证明，职能式思维模式大大阻碍了以客户为中心的业务绩效改进，几十年来远远超过其他阻碍因素的作用。

职能式思维模式让管理者无法深入理解，也无法改进持久地为客户和股东创造价值的跨部门的活动流，还阻止了使能技术的有效部署。事实上，有人会说，在职能式思维模式深重的组织里部署使能技术,反而会加重"职能深井"现象,让处于信息下游的部门获得的只是二手的带着偏见的决策。如此一来,组织架构里的地盘保护和资源占用就更加严重。

传统的职能式思维模式会这样认为,只要定义好组织架构图里的"方框",并且把"正确的"人名填到关键的框里,就能够提升组织的绩效(见图2-1)。这离实际差得很远。这种想法会让绩效测量和管理奖励的观点越来越扭曲,让关注的焦点偏离有意义的测量措施,如本该测量是否为客户提供了及时、优质的服务,却转向测评一些不太有意义的职能或部门绩效。

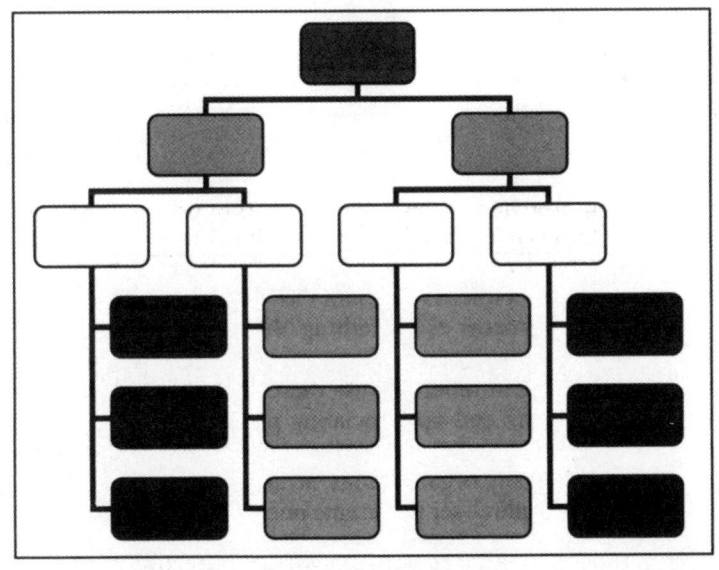

图2-1 典型的组织架构

WHAT IS BPM?

BPM 提供了一种简单但很有效的方法，让我们更加全面地观察职能活动，重新发现战略或核心流程，看看它们是如何构成价值链，并让管理者经营业务的。它让管理者能够剥离组织架构的复杂性，聚焦于那些真正处于业务核心的流程（见图 2-2）。

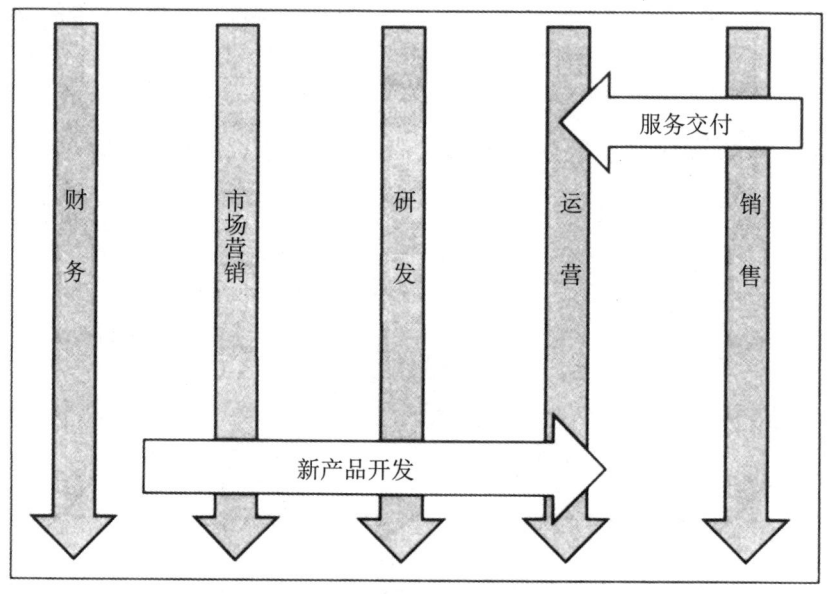

图 2-2　业务核心的流程

任何一个组织都是通过一组业务流程来为客户创造价值的。这些业务流程是通过提供产品或服务，以及为客户提供服务来创造价值的，一旦得到有效执行，它们就将给股东带来收入和回报。管理、控制和改进这些业务流程是组织取得成功的关键。

第 2 章 为什么需要 BPM

 **BPM 有何不同**

BPM 在基本心智模式上就与其他管理方法不同,它关注的管理内容是对于系统内部的流程交互情况的理解。BPM 要求管理团队在一个适当的细节上更加深入关注活动序列。为关键业务流程建档以后,经理人就可以创建流程测评体系了,即关键流程指标(Key Process Indicators,KPI),它以提供产品或服务的及时性、质量、成本为基础。由于决策的性质及决策的支持信息的变化,在解决问题和制定决策时产生了不同的动力。

BPM 基于这样的概念:流程是组织的战略资产,需要管理和支持。要为流程提供实际的支持,需要从以下几个方面来考虑:流程必须以客户为中心,是商业驱动的、数据驱动的,而持续改进是它们的基础(BPM 模型见图 2-3)。

以客户为中心。客户是流程输出中最大的干系人之一。流程必须满足或超出客户的需求。

商业驱动。流程的存在是为了满足商业战略的需要。它们满足这种需要的能力水平是赢利的一个决定性因素。流程的输出应当是及时的、无缺陷的或无错误的。应该从产量、精度、周期、

WHAT IS BPM?

效率、质量多个方面对这些流程进行管理。

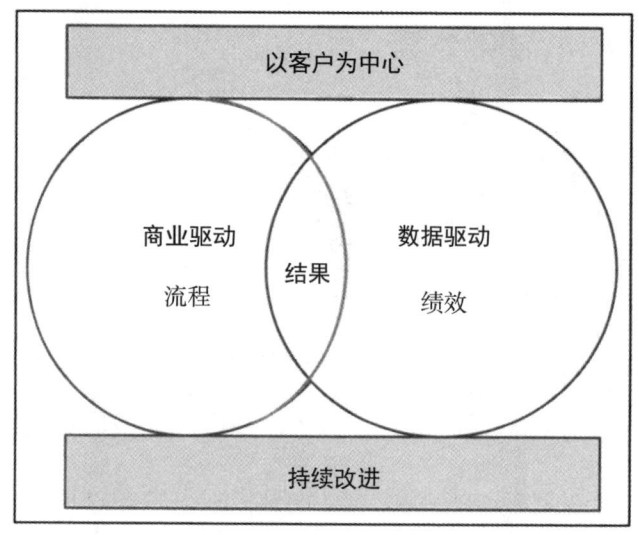

图 2-3　BPM 模型

数据驱动。在今天的商业界，基于事实的管理非常必要。数据驱动的方法增强了管理者的决策能力，从而使他们能够做出迅速、及时的决策。

持续改进。业务改进是必不可少的。在竞争环境下，面对苛刻的客户，持续改进是最低要求。在全球化进程中，边际利润率被不断压缩，直接影响组织的最终结果。以持续改进为基础的方法会不断地寻找机会去改善流程，为客户提炼出最大的价值。

当你对价值链流程有所理解之后，你应当确保它们是专注于满足客户需求的，也就是说，它们应该是以客户为中心的。同时，

第 2 章 为什么需要 BPM

它们还必须支持商业驱动,是可以测评的,测评的数据会驱动组织进行必要的改进或变革。

 ## BPM 能带来什么

BPM 提供了对关键业务流程及它们的连接关系和依存关系的共同理解。它帮助管理者认识和理解工作是如何在组织内部以跨部门的方式完成的,以及工作是如何为客户创造价值的。这样,也就能够确定员工需要哪些正确的技能,实施改进应该采用哪些合适的工具,要让流程重复执行应该制定哪些规章制度。

BPM 为组织提供了一个框架,这个框架会展现出直接为客户创造价值、为股东创造回报的核心流程,也就是价值链。管理者可以根据这个框架,不断地深入了解关键的组织架构和业务流程之间的相互依存关系。BPM 还是一幅清晰的全景图,它显示出工作活动跨部门的本质特性,有助于管理者准确地把握哪些是必须进行测评的,哪些测评结果与组织的回报系统有关。最后,BPM 还有助于对使能技术进行优化调整。

WHAT IS BPM?

 ## 该怎样使用 BPM

你可以通过 BPM 理解业务流程在系统内部是怎样相互作用的，查找产生系统性问题的原因和降低运营效率的原因，而正是这些原因让你不能及时交付产品，或者产生劣质产品和服务。有了 BPM，你就可以开展以下这些工作：

- 评估哪些活动在为客户增加价值；
- 确定哪些流程需要进行重新规划；
- 发动大家去简化、改进和管理业务流程。

最终，BPM 会带来显著的变化，大大改善业务产出。价值链或核心流程应该与组织的业务战略保持一致，这将对组织的效率和效益提升产生巨大的推动作用。把组织的战略、流程、指标、改进类项目和 IT 系统集成到一个统一的目标里，而这个目标能够推动最终结果的改进和提升，这必将产生巨大的价值。BPM 有助于从组织的视角整合各个碎片。

第2章 为什么需要 BPM

流程是任何组织机构的基础。流程的能力和绩效，是决定组织成败的重要指标。BPM 会给组织各个层面的管理者带来以下好处：

- 形成工作是从输入开始，到输出结束的一种概念；
- 形成流程的可视化控制手段；
- 为发展、开发过程中可能产生的问题提供一个早期预警系统；
- 增强日常决策能力。

 结论

BPM 强调对宏观流程进行定义，指定所有权，明确流程负责人的职责，对流程进行监控、改变或重新规划，通过不断改进来创造更大的价值或优化产出。BPM 培养和促进战略上一致的、自下而上的测评活动，这些测评活动将给管理者提供非常有用的关于业务目标绩效的信息。

大体上讲，BPM 有以下作用：

- 促进对流程的理解，以及对流程负责人的职责的理解；

WHAT IS BPM?

- 对流程是否与其战略保持一致进行测评与监控；
- 通过提供绩效反馈来缓解风险；
- 让管理者可以进行数据驱动的、快速的决策。

读书笔记

第3章

理解流程

WHAT IS BPM?

流程的基础概念

就某一具体领域的企业或政府机构来说,它的价值链是给客户提供产品或服务的流程。这些流程是组织的员工相互关联的活动的集合,而这些活动紧紧围绕着一个共同的目标而展开——为客户提供产品或服务。这些产品或服务必须按照具体的顺序依次通过价值链上的各个活动,每个活动都为产品或服务增加一些价值。活动的链条为产品增加的价值,大于单个独立活动为产品增加的价值之和。一般来说,价值链是在业务单元层面构建的,而不是在部门层面或企业层面构建的。

《流程创新:基于信息技术的工作再造》(*Process Innovation: Reengineering Work through Information Technology*)一书的作者托马斯·达文波特是这样定义流程的:"流程是为了给具体的客户或市场提供产品而设计的一组结构化的、精确的活动。流程的视角强调的是工作如何在组织内部完成,而产品的视角强调的是做了什么。因此,流程就是工作活动跨越时间和空间完成的具体顺序,有起点、终点,有明确的输入和输出,是结构化的行为……采用流程的方法就说明你接受了要从客户角度出发的观点。流程提供了一个

第3章 理解流程

架构,组织根据这个架构来做事,做给客户生产价值所必需的事。"

这听起来简单,但很多组织在管理这些活动时会遇到很大困难,结果非常不理想。主要原因是管理者缺乏对组织内部流程相关性的认识,也不知道应该管些什么。如果问某一组织的管理者他们的组织里有哪些流程,你将会得到一个清单,上面会列出100来条组织里的常见流程(见表3-1)。要管好这些流程的运行需要花费巨大的精力。

表3-1 组织里的常见流程

组织里的常见流程			
• 会计管理	• 客户生命周期管理	• 原料存储	• 规范文件管理
• 广告计划与排期	• 客户需求	• 订单发布与完成	• 维修计划管理
• 广告	• 客户自助	• 订单管理	• 询价与合同管理
• 组装	• 客户/产品赢利	• 组织学习	• 收益管理
• 资产管理	• 需求计划	• 工资总额	• 销售渠道管理
• 福利管理	• 交货/变动管理	• 绩效监控	• 销售佣金计划
• 分支运行	• 费用报表处理	• 绩效检查	• 销售周期管理
• 预算控制	• 财务计划	• 实际盘存	• 销售计划
• 按单生产	• 财务终止/合并	• 计划与进度	• 劳资协定管理
• 呼叫中心服务	• 起止日期管理	• 售后服务	• 完成服务
• 能力预留	• 招聘/入职培训	• 问题/解决办法管理	• 服务准备
• 资本支出	• 安装管理	• 流程规划	• 航运物流
• 客户投诉处理	• 集成物流	• 采购	• 现场勘测与方案设计

WHAT IS BPM?

续表

组织里的常见流程			
• 理赔清算处理	• 内部审计	• 产品数据管理	• 外包
• 付款申请处理	• 库存管理	• 产品设计与研发	• 站点维修管理
• 履行担保	• 投资者关系管理	• 产品文件管理	• 战略制定
• 佣金处理	• 结账管理	• 产品生命周期管理	• 接班计划
• 赔偿	• IT 服务管理	• 产品发布管理	• 供应链计划
• 零件装配	• 知识管理	• 产品/品牌营销	• 供应商关系管理
• 企业通信	• 生产	• 专业服务管理	• 计时/报告
• 贷款申请和审核	• 产能开发	• 项目集管理	• 培训
• 获取客源	• 原料费用管理	• 财产跟踪与会计处理	• 资金/现金管理
• 财务管理	• 市场研究分析	• 公共关系管理	• 入库
• 服务台	• 市场测试	• 物业管理	• 担保管理
• 客户查询	• 原料采购	• 招聘管理	• 零基预算

一个组织中业务流程的典型数量

业务流程管理的老手会告诉你，在任何组织里，核心流程的数量都是 5~10 个。迈克尔·哈默和詹姆斯·钱皮曾经研究指出，任何企业里的基本流程都在 10 个上下。他们指的是高层级的战略流程，这些仅仅是一个大型企业里所有流程的冰山一角而已。在水面下，还有成百上千的流程，它们实实在在地推动着业务运转。

在组织内部，除了屈指可数的战略流程或核心流程，还有支持和管理流程。这些流程是组织运行所必需的，但它们并不给客户提供任何直接价值。

第3章 理解流程

流程的分类

即使很多组织的流程建档工作做得并不好,但在一个组织的流程里,仍然含有数量可观的各种岗位。理解这些岗位的一个方法就是基于一个统一的框架对流程进行分类。一种框架把流程分成三类:价值链流程、支持流程和管理流程。

价值链流程等同于核心业务,为客户创造基本的价值流。典型的支持流程为价值链流程提供支持,管理流程治理组织的运营。

- 价值链流程(战略或核心流程);
  - 运营流程,如研发—制造/购买—销售—交付—服务
- 支持流程;
  - 使能或资源管理的流程,如财务—人力资源—实体—原料—信息技术
- 管理流程。
  - 控制或治理的流程,如计划—预算—变革—合规

典型的支持流程构成如图 3-1 所示。BPM 的主要关注点是组织的价值链流程。

WHAT IS BPM?

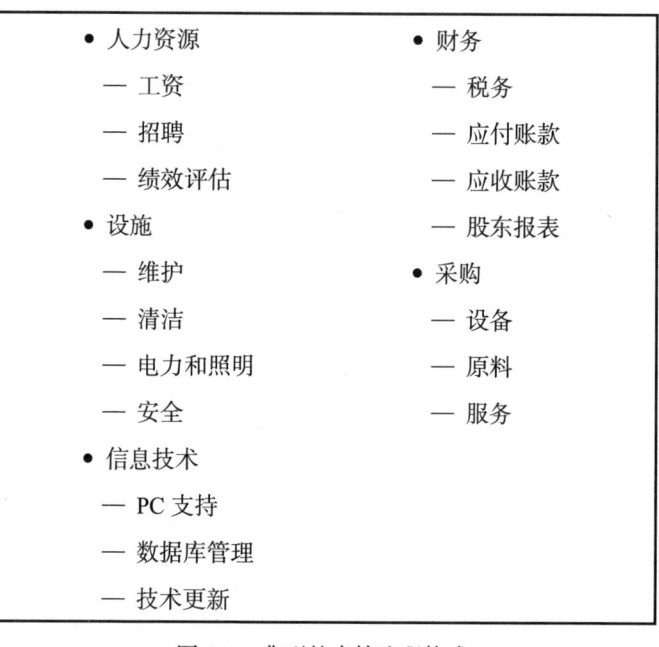

```
• 人力资源              • 财务
  — 工资                 — 税务
  — 招聘                 — 应付账款
  — 绩效评估              — 应收账款
• 设施                   — 股东报表
  — 维护               • 采购
  — 清洁                 — 设备
  — 电力和照明            — 原料
  — 安全                 — 服务
• 信息技术
  — PC 支持
  — 数据库管理
  — 技术更新
```

图 3-1　典型的支持流程构成

流程的定义

专家是这样定义流程的：

"从定义上讲，流程是为了给特定的客户或市场产出特定产品而设计的一组结构化的、精确的活动。"

——托马斯·达文波特，1992[①]

[①] Process Innovation: Reengineering Work through Information Technology (Harvard Business Review Press, 1992).

第3章 理解流程

"流程是有精确定义的一个技术术语：它是成组的、相互联系的活动，这些活动一起为客户创造价值结果。"

——迈克尔·哈默和詹姆斯·钱皮，1993[①]

"业务流程是一组完整的、动态协调的活动，它们相互协同、相互作用，共同为客户交付价值。"

——彼特·芬加，2006[②]

"业务流程是若干增值活动构成的一个系列或一个网络，它由与之相关的角色或协同者执行，完全是为了实现共同的业务目标。"

——维基百科，2012

这里给出本书的流程定义：

流程是重复的增值活动的集合，它由组织的人和技术资源实施，其目的是实现共同的业务目标，生产出客户愿意也能够付费购买的产品或服务。

---

① Reengineering the Corporation, 1st ed. (HarperBusiness, 1993).
② Business Process Management: The Third Wave (Meghan Kiffer Press, 2006).

WHAT IS BPM?

价值链中的组织形式

一个业务价值链中有以下几种典型的组织形式：

- 市场营销；
- 研究和开发；
- 产品或服务设计；
- 运营；
- 销售；
- 交付或物流；
- 服务。

> **知识链接**
>
> 在进行价值链定义的时候，要避免使用与职能部门名称相同的称谓。这样有助于组织内部的人认识到流程是跨部门的，而不是被某一部门直接占有的，也不和某一部门捆绑在一起。

正如我们讨论过的，BPM 是面向全企业的、结构化的方法，它帮助我们理解一个组织是如何给客户提供产品或服务的。它基

第 3 章 理解流程

于这样一个假设：你必须从你的组织的角度，采用流程的观点，去理解什么产品和服务才是你的客户愿意付费购买的。以这个概念为基础，BPM 从定义跨部门的或战略性的流程入手。

流程式思维模式（横向的）与职能式思维模式（纵向的）的对比，在第 2 章的图 2-2 中有形象的描绘。

价值链流程

要识别出是哪些流程构成了价值链，方法非常简单：它们就像战略武器一样，是为了实现组织的愿景和目标而存在的，而且始终聚焦于驱动业务的关键部分。这些流程经常会穿过组织的边界，涉及多个业务、部门甚至单元。理解了它们的运行，就能够识别出组织中的无效成分。基于这一认识，流程是端到端的、跨部门的活动流。

来分析一下"完成订单"或"从订单到交付"这样一个价值链流程。它的子流程包括接单、排期、完成和送货。在"接单"里应该有一项活动"录入订单"，在"录入订单"里还应该有好几步，涉及标准、指南、表单、技能等，这些应该由销售部门完成。而"送货"这项活动又有自己的一系列标准、指南、表单和技能，

WHAT IS BPM?

这些应该由向外派送的物流部门来完成。如同前面所描述的,需要几个部门共同工作才能完成一条价值链,如"完成订单"或"从订单到交付"。这样,BPM 就能把我们之前发起的聚焦于相对次要的职能式目标的改进活动调整过来,重新进行部署。

读书笔记

第4章

BPM 的生命周期阶段

WHAT IS BPM?

BPM 的生命周期各阶段定义

价值链流程是组织的战略资产，因此，必须对其进行建档、测评、改进（当需要的时候），就像对其他资产一样将其管理起来。通过这样的方法，管理者就可以运用使能技术让这些流程更高效地运行，从而获得更多收益。

BPM 是理解、改进和管理组织的一种系统方法。BPM 的生命周期分为四个阶段：建档、评估、改进和管理，如图 4-1 所示。

BPM的四个阶段	
• 建档	流程模拟
• 评估	分析和测评
• 改进	设计/再设计
• 管理	控制

建档 ▶ 评估 ▶ 改进 ▶ 管理

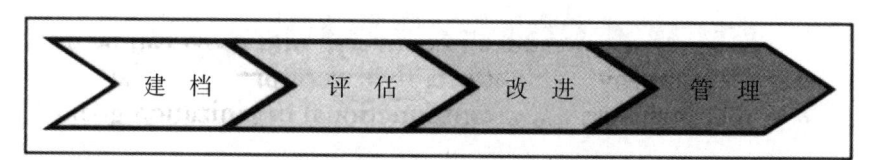

图 4-1 BPM 生命周期的四个阶段

建档阶段

建档阶段关注以下几个事项：

1. 确定组织中存在的流程。
2. 编制流程清单。
3. 对流程进行分类，是核心类、支持类，还是管理类。

- 核心流程就是价值链流程；
- 支持流程是运行业务所必需的，但并不直接为产品或服务增值的流程；
- 管理流程是监督、控制业务运营所需要的流程。

在这个阶段，关键是要从一个较高的层级去观察、审视流程。这就相当于你在 1 万米的高空，从飞机的窗口俯瞰大地，只能看到大的区域块。这个阶段的目的是要找出 5～10 个价值链流程，还不能涉及过多的细节。流程的数量应当是可以管理的——一个组织显然不能有效管理超过 100 个流程。而且，当你在这个高度观察的时候，很容易退回到原来的职能式思维模式，因为在这个细节程度上，各项工作很可能是被定义成在一个部门内完成的。

当你从最底层来观察流程的时候，你很可能又被太多的细节纠缠——工作指南、制度、程序、业务规定等。

识别出价值链以后，下一步就是为组织画一个系统级的流程图。这个系统级的流程图是组织内部的工作流动情况的高层级的图形化描述。其亮点是组织的核心流程或价值链。图 4-2 展示了一个系统级的流程图样例。

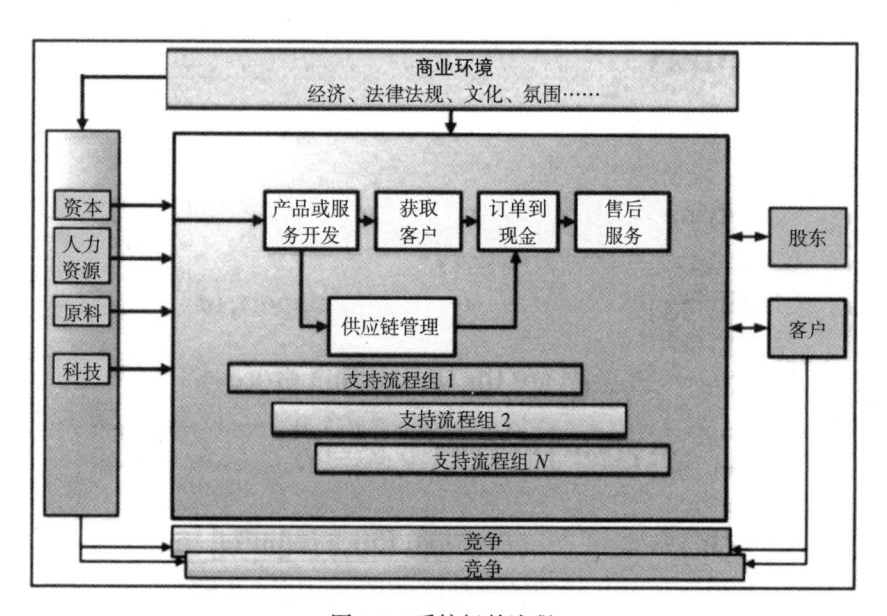

图 4-2 系统级的流程

图 4-2 中央的方框里描述了系统级的流程，也标出了价值链流程。这个图虽然描述的是通用的流程，但它标出了一个组织应该有的五个核心流程。这些核心流程的名称不能与组织架构图上的任何一个部门相同。

第4章 BPM 的生命周期阶段

有几种方式可以制作出系统级的流程图。第一种方法是采用这一领域现有的成熟模型，或者若干研究机构通用的模型。MIT的业务活动模型就是一个例子。另一个方法是与组织的高管一起讨论组织是如何为客户创造价值的，通过这种方式来制作系统级的流程图。识别核心流程的方法很简单：它们的作用就像战略武器一样，是为了实现组织的愿景和目标的，而且始终聚焦于驱动业务的关键部分。对其进行识别和评估有助于找到组织架构中的无效成分。这样，我们就能针对业务的关键目标实施改进措施。

要确定核心流程，必须要识别以下一些特性：

- 战略上的重要性；
  - 这些流程对组织有重要影响，对组织的最终成功极其关键
  - 这些流程与组织的战略、愿景和目标相关
  - 这些流程被有效执行的时候，能够提升组织的竞争能力，反过来，如果执行得不好，将损害组织的竞争能力
- 属性；
  - 影响客户。直接影响客户的流程通常被认为是运营的核心流程。它们就是价值链。典型的例子是获取客户、订单到现金、售后服务

WHAT IS BPM?

- 跨部门。这些流程通常会穿过组织的边界，涉及几个业务部门，甚至业务单元

当团队成员就系统级的流程图达成共识后，就可以继续创建核心流程图。

为核心流程或价值链流程建档

这个阶段的目标是建档、审查，以便详细分析业务流程的运行情况，确定什么地方需要改进。

1. 定义目的

- 这个流程运行之后最基本的输出是什么？
- 要给这个流程的客户提供什么产品或服务？
- 需要有哪些成分，这些产品或服务才能被客户接受？

2. 确定边界

- 这个流程的起点是什么？
- 怎样才能触发这个流程？
- 这个流程的终点是什么？

第 4 章　BPM 的生命周期阶段

- 组织如何评价流程是否成功？

3. 募集合适的资源

- 哪些员工直接参与这个流程？
- 这些人能够自由地谈论流程的实际绩效吗？
- 这些人理解流程运行以后的日常情况吗？

4. 控制细节

- 下降到 5 000 米的高度工作，观察下一个层级的细节（中等层级，一般是 20～25 个步骤）。但是不要陷入大量的细节中。

5. 精确修正

- 与一开始就没有参加流程建档工作的员工一起进行检查；
- 与流程的客户一起检查。他们可能是外部客户——购买产品或服务的客户；也可能是内部客户——把这个流程的输出拿来运行别的流程的客户。

在实际制作核心流程图的时候，你要对流程的步骤顺序有一个清晰的认识。日复一日地在流程中工作的员工是最好的信息源，他们能够提供这一层级的详细情况。为了获得必要的信息，你应

WHAT IS BPM?

该到参与这个流程的部门中去，寻找那些关键人物或干系人，听听他们的描述。常用的流程图格式叫泳道图，用像游泳道一样的矩形来表示参与这个流程的各个职能部门。流程的每步要根据执行具体工作的部门来绘制。图 4-3 是泳道图的一个示例（跨职能泳道图：从订单到现金）。这里同样要求流程的边界必须清晰：它从哪里开始，在哪里结束，谁、什么是启动流程的触发器，谁是产品或服务的最终用户。在制定各个事件间的先后次序时，必须要确定各个子流程之间信息的传递情况。要得到一个真正有用的流程图，就必须对各个步骤之间传递的信息和信息的接收者有一个清晰的术语定义。

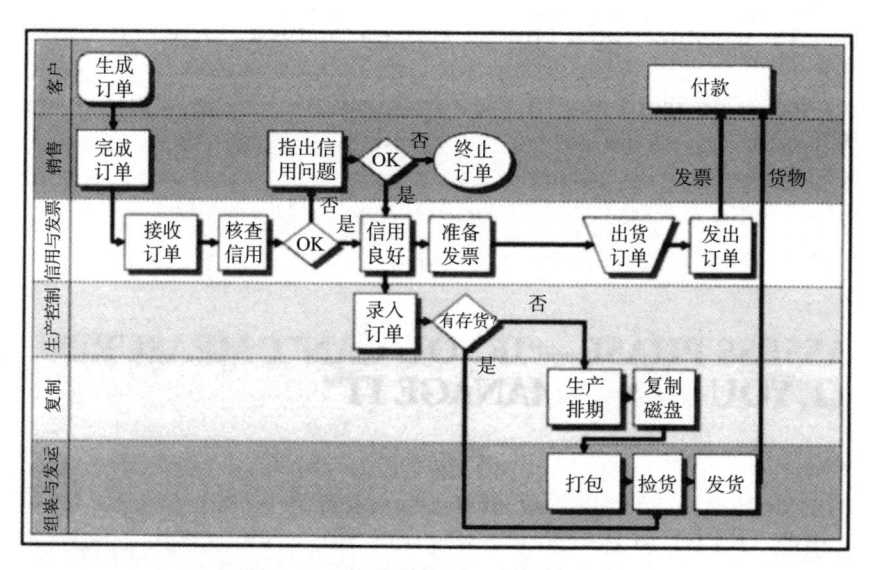

图 4-3　跨职能泳道图：从订单到现金

第 4 章 BPM 的生命周期阶段

这一步通常需要专业引导师的帮助，把相关的讨论和所涉及的细节层级维持在一个正确的轨道上。受过引导训练，对现有流程缺少直接了解的引导师是比较理想的，因为他们擅长探询式提问，对获得的信息也没有预定的知识。最有效的办法是在墙上挂一大张纸，用便利贴来展开流程的走向。这种方法使修改变得很容易，而且让所有人都能参与进来，共同创建一个文档。当团队对流程达成共识以后，就可以用适当的电子格式来给流程创建一个文档。

在给核心流程建档之后，还有一些工作需要完成。首先要对建档的流程进行验证，也就是走一遍流程。这一步很重要，要确保建档的流程是走得通的。这一步可以查出遗漏的工作、程序、捷径，以及不必要的活动等。所有的修改完成以后，这个文档就要截稿并存放在安全的地方，以备将来使用。

接下来要确定核心流程的负责人。这个负责人必须有一定的级别，要对流程的端到端运行负责。从经验上讲，核心流程的负责人是从流程的运行中得、失最大的个体。最容易出现的问题是带着部门的偏见去分配流程的所有权关系。这就是为什么核心流程的名称不要与业务部门的名称相同。图 4-3 就是核心流程图的一个例子。如果这个核心流程的名字叫做"销售"，那就陷入了部门的偏见。而事实上，这个流程是由组织的好几个机构来完成的，

WHAT IS BPM?

正因为这样,才把这个流程叫做"从订单到现金"。这个流程的所有权关系可以分配给组织中的任何一个人——销售部门的、财务部门的、运营部门的,如图 4-3 里的泳道所显示的那样。流程的负责人确定以后,就可以进入 BPM 的评估阶段。

评估阶段——"测评不了,就管理不了"

在给价值链流程或核心流程建档之后,就需要开发一套测评指标或 KPI 来确定组织的绩效状况是否与战略要求、长期目标和近期目标相吻合。流程的测评指标可以分为三个基本类型:效率指标、效益指标和结果指标。

效率指标,也称过程指标,通常是在流程内部进行测量的。这些指标代表着直接控制资源整合的各种参数。这些资源可能是人力资源、设施、消耗品、空间、电力和零部件等。过程指标通常要包括子流程的绩效情况。需要指出的是,过程指标让你有可能在把流程输出物交付给客户之前,就对它的特性做出预测。通过这些加工指标,你可以对加工过程进行调整,在流程结束之前就阻止错误或缺陷,而这些错误或缺陷如果在流程结束以后再进行纠正,代价将是非常高的。

第 4 章　BPM 的生命周期阶段

效率有多个层面，聚焦于以下不同的领域：

- 成本指标用来让流程消耗的资源最小化；
- 变动指标要消除流程中的无价值活动所产生的浪费，并且在计划设计中嵌入应急储备以应对不确定性；
- 周期指标用来减少从输入到输出的总时长。

效益指标，或称输出指标，是流程依据自身特点或客户的要求，交付产品或服务能力的量化描述。

流程效益是在生产出产品或服务之后通过检测来确定的，所以其本质上就像照镜子一样。如果你一直等到流程结束，所有的资源都已经用上了，才发现问题，这时再进行纠正，成本就非常高了。而最糟糕的情况是，问题逃过了检查，最后是被客户发现的。这样不仅补救成本很高，还会影响客户满意度，付出长期代价。

效益指标是在产品或服务交付之前，对满足客户需求的可能性的量化描述。理解了客户的需求，并将其转化为规格，这本质上是一种预测。

结果指标，或称（产品或服务的）输出效益指标，是产品或服务满足客户需求或期望的情况，通常指客户满意度。结果指标是回顾性的，是在产品或服务交付给客户以后才得到的。它们是

WHAT IS BPM?

必需的，用来验证那些控制流程日常活动的效益指标。

表 4-1 是对上述三种指标的概述。

表 4-1 测评绩效

术 语	解 释
效率或过程指标	流程消耗的资源与最低水平的比较
效益或输出指标	流程按规格交付产品或服务的能力
结果或输出效益指标	输出满足客户需求的能力

熟悉了指标分类及其原因之后，就要制订一套流程绩效测评方案，或者 KPI。步骤如下：

1. 确定流程的输出。

2. 确定客户群，当有市场或区域差异的时候，要进行客户细分。

3. 了解客户需求。确定细分客户群的需求和期望。如图 4-4 所示，要聆听客户的声音。客户通常希望他的产品或服务：

- 更快 = 更短的交付时间；
- 更好 = 更好的质量；
- 更省 = 更低的成本。

要把客户的需求转换成运行术语。在理想的情况下，它们应该是可以测量的，或者是质量属性的关键因素。如果能进行量化

第 4 章　BPM 的生命周期阶段

测评就更好了，这就可以将客户需求转换成可以直接控制资源整合过程的参数，也就可以预测输出的属性，而且是在交付给客户之前就做到这一点。

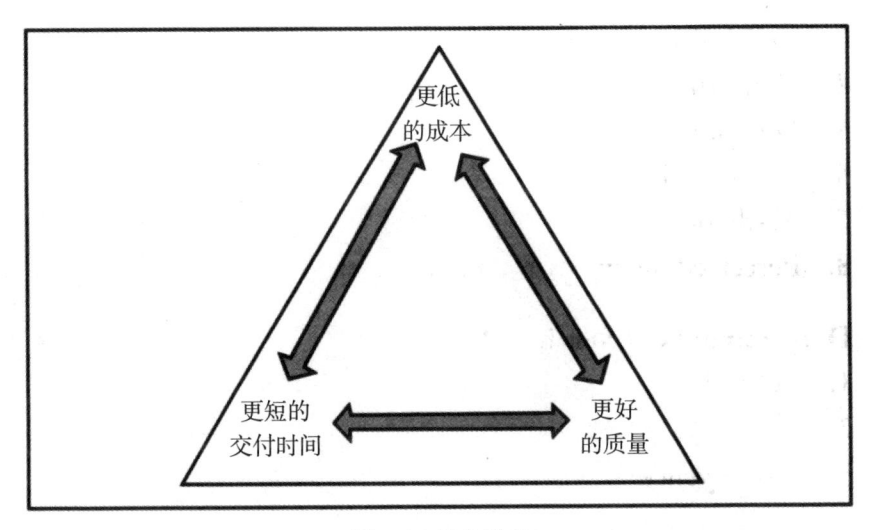

图 4-4　客户需求

在测量输出的质量变动时需要考虑什么属性，取决于输出的是产品还是服务。下面分别列出了产品和服务各自的质量属性。

产品质量属性

- 性能；
- 特点；
- 可靠性；

WHAT IS BPM?

- 一致性；
- 持久性；
- 可维护性；
- 审美；
- 感知到的质量或组织的声誉。

服务质量属性

- 可靠性；
- 响应性；
- 能力；
- 便利性；
- 礼貌；
- 交流；
- 可信；
- 完全；
- 对客户的理解；
- 切实的。

需要重申的是，输出测评应该是量化的。产品或服务的质量是由多个因素决定的，如上面的质量属性所述。

第 4 章　BPM 的生命周期阶段

- 交付——提供的属性；
- 互动——客户的体验。

这两个方面的质量都要确保！

评估阶段的目的是确定如何测评改进核心流程。当组织确定需要改进的区域、部位以后，管理者就可以引导改进行动，让业务效益最大化。流程改进是组织的一种投资，而且回报很好，是明智的投资选择。第 5 章将深入讨论流程改进。

为了做出流程改进甚至自动化的决策，应该从业务核心流程的量化评估着手。程序如下：

1. 基于以下三个标准指标进行差距分析

- 重要性——这项改进有多重要？
- 机会——改进措施成功的机会有多大？
- 可行性——成功的可能性有多大？（在刚开始实施 BPM 的时候，这个分析很关键，它可以用来构建未来推进工作的模型。）

2. 制订推进计划

- 给机会评级；

WHAT IS BPM?

- 确定实施改进的范围；

- 要避免次优化——不要因为改进了这个价值链流程而牺牲了另一个；

- 要验证选择；

- 要从流程改进中区分出产品改进和服务改进。

3. 制订并传播改进/管理计划

- 让管理者和组织全体对信念、方法、要做什么有充分的理解和共识；

    - 清晰地阐述愿景
    - 清晰地阐述信念、方法和目标
    - 要传播业务流程框架和角色
    - 通过多种媒介传播
    - 经常性地、清晰地、精确地传播
    - 制造一种紧迫感
    - 充分关注客户
    - 用榜样来引导
    - 不要配置过多人员

第 4 章 BPM 的生命周期阶段

改进阶段

在一项经过良好架构的 BPM 活动里，组织是由一种需求驱动的，而这种需求就是要高效率、高效益地满足客户的需求和期望。组织要聚焦于客户，流程是为客户服务的，而不是聚焦在 CEO 身上的，这一点非常关键。这种理念要在组织架构图中描述出来，以此来建立面向流程的思维模式。已经确定了流程的负责人，就意味着他们要对关键流程负责。这样会产生一种追求卓越的驱动力。方法和系统一起发挥作用，沿着既定的方向前进，目的和目标就变得清晰而有意义了。

改进阶段的目的就是评估组织的资源能够如何更高效地被使用。典型的目标是降低成本、缩短周期，提升产品或服务的质量。部署一个重新设计的流程可能对业务的其他环节产生负面影响，因此一定要注意，要在充分理解整个价值链的情况下再进行改进。要用好分析工具，确保正确地实施改进。

流程改进的工具可以选择六西格玛、精益原则、精益六西格玛、仿真、流程再设计、流程再造等，可以根据问题采用相应的分析工具，如图 4-5 和图 4-6 所示。要做流程改进，就需要充分理解这些工具。第 5 章将详细分析这些工具的基本原理和用法上的区别。

WHAT IS BPM?

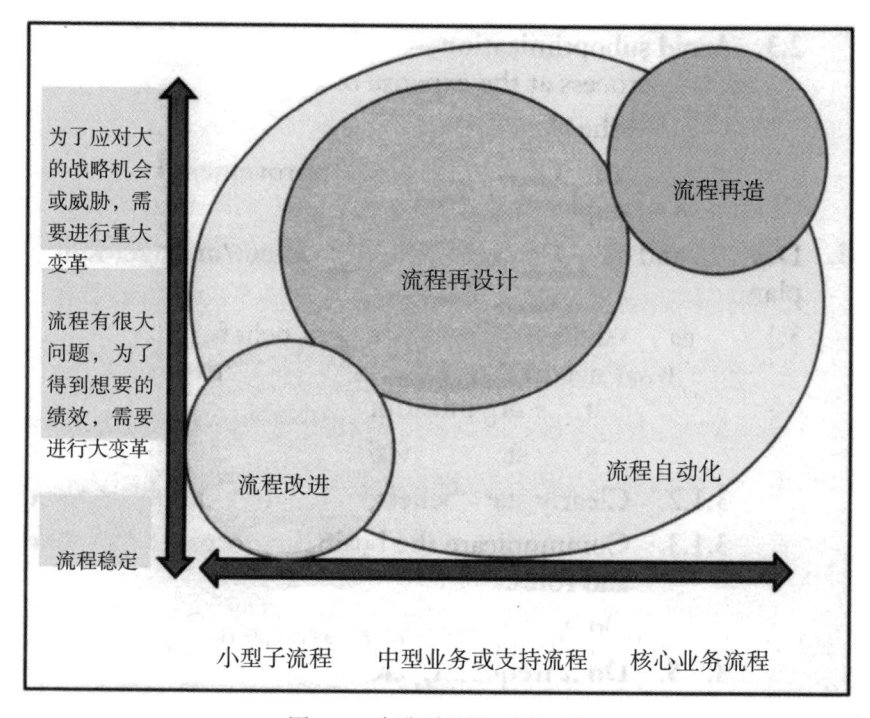

纵轴（自下而上）：
- 流程稳定
- 流程有很大问题，为了得到想要的绩效，需要进行大变革
- 为了应对大的战略机会或威胁，需要进行重大变革

横轴： 小型子流程　　中型业务或支持流程　　核心业务流程

圆圈标签： 流程改进、流程再设计、流程再造、流程自动化

图4-5　改进项目的不同级别

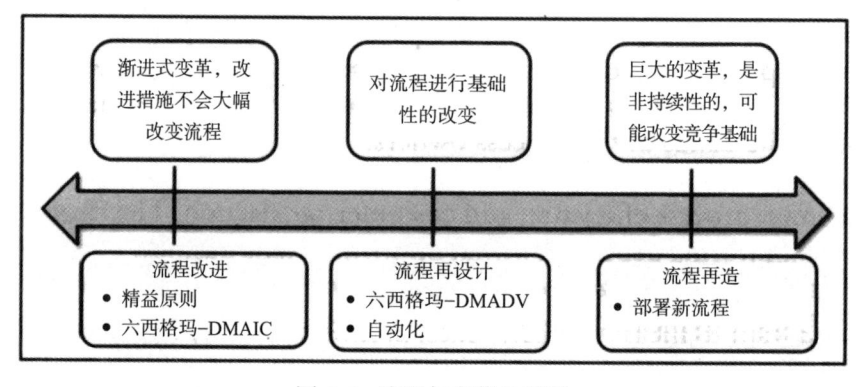

上方文字框：
- 渐进式变革，改进措施不会大幅改变流程
- 对流程进行基础性的改变
- 巨大的变革，是非持续性的，可能改变竞争基础

下方文字框：
- 流程改进
  - 精益原则
  - 六西格玛–DMAIC
- 流程再设计
  - 六西格玛–DMADV
  - 自动化
- 流程再造
  - 部署新流程

图4-6　流程与变革的级别

52

第4章 BPM 的生命周期阶段

管理阶段

BPM 的管理阶段能够对核心流程进行跟踪，因此可以轻易地监测它们的运行情况。跟踪 KPI，并定期检查，确保流程在按要求运行，如果没有，就要采取相应的措施进行纠正。流程负责人要负责处理这些事情。

KPI 是混合的，包括流程效益或结果、流程效率及客户满意度。监测的深度取决于业务需要评估和分析什么信息。应该明确是要进行实时测评，还是近实时的，或者延后一段时间再测评。采用哪种方式受流程自动化程度的影响。

流程负责人的角色在这个阶段至关重要。他们的职责可以分为四个方面：领导、文档、绩效和改进。

领导

- 促使企业战略和客户导向策略保持一致；
- 确定改进的优先级；
- 解决流程间的耦合性问题；
- 引领组织向流程式变革。

WHAT IS BPM?

文档

- 维护流程的输入、输出文档；
- 维护流程文档并核准所有的变更；
- 确定自动化的优先顺序；
- 确保控制有效，以获得精确的财务报告；
- 确保审计流程合规。

绩效

- 部署 KPI，经常性地报告流程绩效；
- 实现 KPI 的目标和目的；
- 确定绩效差异的优先级；
- 监控数据采集系统的精确性。

改进

- 分析绩效差距；
- 制订解决差距的计划；
- 根据差距确定相应的流程改进工具；
- 执行流程改进项目；
- 对标并采纳最佳实践；
- 培养新的流程改进建议。

第 ❹ 章　BPM 的生命周期阶段

要成功实施 BPM，离不开流程负责人这一角色的作用。这就是为什么流程负责人的选任过程非常重要，而且要由企业的最高层——总经理层来决定，而不能再退回到职能式思维模式。

WHAT IS BPM?

读书笔记

第5章

流程改进(改进阶段的工具)

WHAT IS BPM?

改进阶段的基本概念

很多方法都可以用来做流程改进。许多组织选定一种方法后就将其用于所有的项目上。这不是最好的做法。应该给流程改进提供一个工具箱，根据工作需要选择正确的工具。这个工具箱里有多个不同的工具，包括绘制流程图和改进、流程再造、六西格玛、精益原则等，需要不同的技能水平、培训工作和理解。针对要解决的问题，每个工具都有自己的优缺点。本章将概述这些方法，以及相应的优点和缺点。

流程改进活动是要付出代价的。也就是说，要改进，必须投入资源，其中就包括人力资源——做日常工作的人，受过流程改进训练的专家，或者从外面请来培训员工、解决问题的顾问。流程改进要付出成本，但是一个执行良好的流程改进项目所节约的成本，是付出的成本的很多倍。

来看一个节约成本的例子。图 5-1 显示了商业的一个简单概念：生产一个产品或服务是有成本的，在此基础之上才有边际利润。图 5-1 准确地描述了这种情况。第二根柱子标出了生产产品或服务的成本、边际利润，以及相应的浪费。这是绝大多数组织

第5章 流程改进（改进阶段的工具）

实际的操作情况，也反映了流程改进的目标，即减少浪费。第三根柱子表示市场竞争的结果。为了更有竞争力，企业通常会降低售价。如果企业仅仅降低售价，而没有采取措施去降低生产成本、减少浪费，结果就会减少利润。如果企业强制性地大幅降价，结果就会是亏损而不是获得利润。

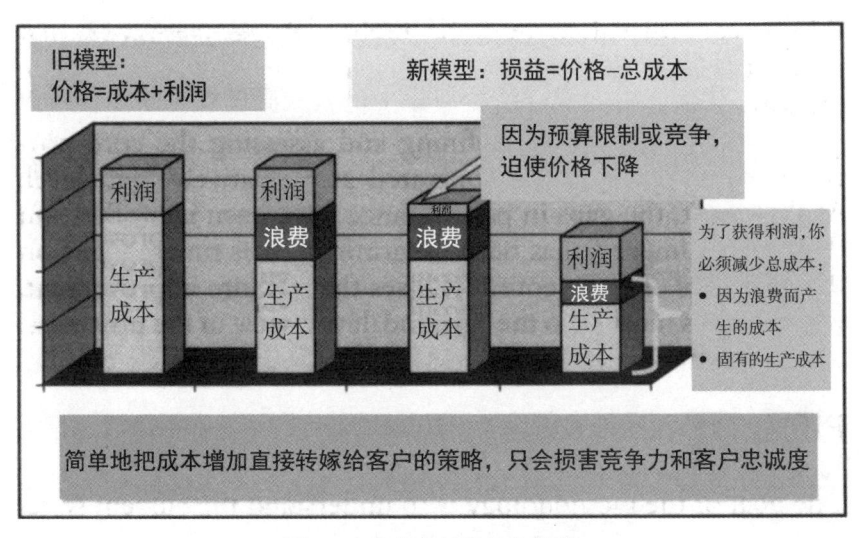

图 5-1 业务中的损益与浪费

流程改进活动是为了减少浪费，并改进企业生产产品或服务的流程。如果企业有效运用本章讨论的多个流程改进工具，它就有可能得到类似于图 5-1 最右边的柱子所描述的结果。企业不仅可以减少流程中固有的浪费，还可以改进并简化生产产品的流程。这样，企业既可以保证边际利润，还有降价的潜力空间，从而继

WHAT IS BPM?

续维护在市场上的竞争力。

应用流程改进工具为组织创造了新的机会来挽留客户,客户想要什么就给他们提供什么,同样也给员工提供时间和培训来应对工作中的挑战。

即使很小的缺陷或错误,都有可能使大量客户不高兴。事实上,任何一个组织都想避免缺陷或错误,因为这会导致收益和客户满意度受损。组织或许已经消除了过去较高的缺陷率,但这绝不是可以长期成功的公式。大量的研究表明,客户再也不会坐在那里为购买产品或服务的糟糕经历而难过了——他们会控诉,会告诉自己的朋友和家人关于这些交易的负面感受。

让客户满意是好的,任何一个组织都可因此而受益。研究已经证明,回头客增加会带来 5~10 倍的收益增长,而因为低效率、低效益的流程,企业每年会失去 10%~20%的年收入,有的还可能更高。流程改进就是追求变革,以满足组织的短期和长期目标。

之前定义和评估组织核心流程的阶段是在一个相对较高的层级上展开的。在这一点上,我们已经确定了绩效差距,也确定了需要改进什么。现在,应该从那些核心流程里面需要改进的环节着手,也就是要到"地平面"上来检视流程了。

第 5 章 流程改进（改进阶段的工具）

绘制流程图与改进

这套方法论的目标是理解当前的状态，或者"一贯是"的流程，以便建档、审查，并分析当前是如何执行具体的业务流程的，以及该怎样改进。流程现状分析是在团队环境下进行的，需要利用在这个流程中工作的主题事务专家（Subject Matter Experts，SME）。这是未来状态流程设计和业务案例开发的基础。当有很多关键领域需要注意的时候，绘制一份现状流程图是很有用的。

绘制现状流程图通常需要一个引导师（具备绘制流程图的知识和团队动力学知识的人），以及由一群知识面广的员工组成的团队，双方共同合作，按照下文的步骤来绘制。从"1 万米高度"开始分析，然后重复这一过程，根据需要识别出"5 000 米高度"的图形，以便检查状态，澄清差距。

- **"1 万米高度"**。细节程度最低，提供一个系统级的流程概述，采集价值链流程的主要阶段；
- **"5 000 米高度"**。细节程度中等，将高阶流程的各个阶段分解为核心流程步骤；
- **"地平面高度"**。采集子流程或个人的流程细节。

图 5-2 显示了绘制流程图与改进的工作流。

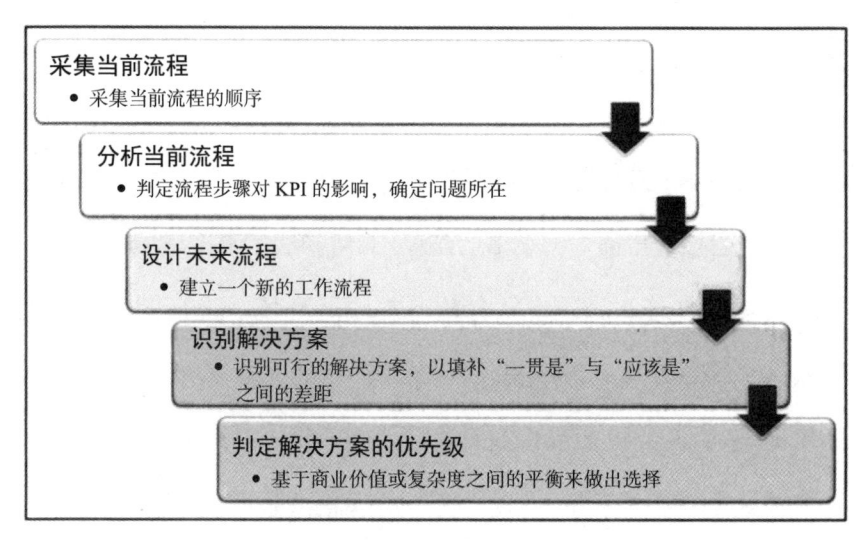

```
采集当前流程
  • 采集当前流程的顺序
    分析当前流程
      • 判定流程步骤对 KPI 的影响，确定问题所在
        设计未来流程
          • 建立一个新的工作流程
            识别解决方案
              • 识别可行的解决方案，以填补"一贯是"与"应该是"
                之间的差距
                判定解决方案的优先级
                  • 基于商业价值或复杂度之间的平衡来做出选择
```

图 5-2　绘制流程图与改进的工作流

绘制流程图并改进的步骤如下：

1. 识别出流程的起点、终点，或者需要进行改进、填补绩效差距的流程片段

2. 确定关键流程的参与者和干系人

3. 给关键流程的步骤建档

- 尽可能让图表简单清晰；

- 一定只记录流程的真实情况，而不是它应该是什么情况。

第 5 章 流程改进（改进阶段的工具）

4．确定活动和周期，以及其他有关的 KPI。业务流程通常由以下三类活动构成

- **增值活动**，为客户提供产品或服务；
- **传递活动**，让工作突破组织的边界；
- **控制活动**，在流程内设置标准和测评检查点。

5．确定流程中每个步骤的工作时间和周期

- 工作时间=直接归因于流程步骤的劳动时间；
- 周期=从流程步骤开始到结束所使用的时间。

6．此外，识别出流程中所有相关的 KPI，如

- 组织每天/月/年处理的产品件数；
- 每人处理的产品件数；
- 处理这件产品或服务的成本；
- 客户或干系人对这个流程的满意度。

7．从可测评的绩效差距着手

- 那些如果没达到目标就会造成损失的 KPI；
- 如果不能测评，损失就没有量化价值。

8．完成流程图，在上面直接标出损失和测量指标

9．和团队成员一起审查现状流程图

10．按记录下来的流程图走一遍，识别出损失、问题、干系人等

11．制作未来状态流程图——设计目标：把通过现状分析识别出的关键改进域描述出来

12．识别解决方案

- 通过头脑风暴识别解决方案或流程改进措施，与团队一起窄化方案清单，找到那些最有价值、最可行的方案；
- 为"应该是"流程挑选并评定改进措施的优先级；
- 窄化方案清单，基于方案对解决问题的影响力、对整个方案的实施精力等来评级，考虑以下这些因素：
  - 大致成本、大致精力、方案解决问题的程度、变革管理/文化接纳的程度
  - 代表的价值类型
  - 实施这个方案的难度

13．采用主题事务专家的建议和上一步产生的方案来制作"应该是"的流程图

14．记录下流程变化以后的预期收益

第5章 流程改进（改进阶段的工具）

- 在一个必要的细节程度上描述流程所存在的问题或流程改进以后的收益，并全面传播；
- 就"应该是"的流程图初步达成一致。

15. 调整改进计划的复杂程度，以满足业务的需要和期望
16. 执行改进计划

仿真

BPM 为我们提供了创建关键业务模型或流程图的工具，它帮助我们理解业务是怎样运行的。一旦学会了这种方法，我们就可以运用相关的知识和工具来进行仿真。

现代科技给我们提供了非常有效的工具：仿真建模。如果说一图（流程图）胜万言的话，那么能够进行任务逻辑仿真和数据收集的流程图就具有不可估量的价值。仿真模型能够在数秒内分析任务间复杂的交互关系，并结构性地映射出可验证的、可靠的结果。

仿真是一种相对低廉的实验手段，却能够提供细节模型来模拟结构、环境和基本假设变化之后流程是如何反应的。如果你想通过改进或精简流程来应对当前的业务环境，仿真又是一种工具。

WHAT IS BPM?

当你为改善绩效而改变流程时，它让你对此有更好的理解，而且不需要打破正常的业务活动。仿真模型提供了一个架构和方法来评估、重新设计、测评流程改变的结果，只需要花费最少的时间、最少的资源，冒最小的风险。

当你把流程仿真和 BPM 整合起来的时候，你就拥有了一个非常强大的手段，可以设计、评估新流程或当前流程，使之可视化，而不需要冒着风险在正在运行的业务流程上进行测试。动态的流程仿真允许组织从系统的角度来研究它的流程，既可以预测输出结果，也可以更好地分析因果关系。仿真有非常强大的能力，它是流程再设计时的理想工具。在评估、再设计和测评时，它能够提供以下收益：

- 改善周期；
- 资源的高效使用/提升生产率；
    - 减少无价值工作
    - 减少等待时间/排队情况
- 识别关键流程参数；
- 修改关键流程参数；
- 改善关键质量参数；
- 提升客户满意度。

第5章　流程改进（改进阶段的工具）

在流程设计或再设计的项目中，仿真可以应用于以下方面：

- 可行性分析；
- 在多重限制条件下检查新流程的生命力；
- 成本-收益分析或流程评估；
- 探测系统在未来状态下可能发生的情况；
- 检测系统在当前和未来状态下的绩效指标；
- 如果已经得出一个再设计的流程未来状态下的图景，即可进行原型分析；
- 为实施计划、风险评估和流程设计建模；
- 在组织内传播有关新的再设计流程的情况。

仿真有助于创造性地解决问题，只需要很少的成本就可以尝试多种测试方法。人们害怕失败带来的高昂成本，而不敢尝试大胆的想法。而仿真允许你进行试验和测试，紧接着，你就可以向管理者推销你的想法。举个例子，当业务流程遇到市场需求增加或减少的时候，仿真就可以预测各方的反应，来分析当前的架构是如何处理需求变化的。仿真还可以帮助人们决策如何进行资源的高效配置。

通常的分析手段使用静态的数学模型，不能有效阐述变化情况，因为它们是根据常量来计算的。仿真从流程变化着眼，深入

WHAT IS BPM?

分析各个部件的交互关系、相应的统计学分布和时间。它允许对所有变量进行复杂分析。

如果对整个流程进行仿真建模，则可以促进整体解决方案的形成。你可以洞察流程的性能，以及流程变更对输入和输出会有什么影响。使用仿真模型的最大好处是不必改变正在运行中的流程，就可以对流程进行参数测试。它允许实践者测试更多的替代方法，只需很小的风险就可以大大提升成功的可能性，同时得出决策支持信息。

采用仿真还有一个最大的好处，即费效比。组织通常希望能够快速应对市场变化，一个好的仿真模型将是一个优秀的工具，用来快速对变化进行原型分析和评估。例如，对一个产品或一项服务的市场需求一旦发生剧变，你就可以用一个验证过的流程模型来对这个剧变进行建模分析，判断当前的流程是否能够满足新的需求，是超出还是不能达到目标。

仿真的另一个用处是验证绩效指标。例如，关键业务流程的目标是在一个具体的时间范围内满足客户需求。通过仿真模型，这项需求就可以转换成响应用户需求的具体时间，然后就可以作为客户满意度的一个关键绩效指标。仿真有助于测试流程设计的各个交易环节，对参数进行深入分析，如上市时间、服务需求量、周期、生产成本、库存量和用工量。仿真为关键绩效指标的建立

第 5 章 流程改进（改进阶段的工具）

提供了一种量化的方法。

仿真还是一个非常有效的沟通工具，你可以用它来推荐新的或再设计的流程，效果非常动态。用仿真演示流程的运行情况，解释不同部件的功能，对于即将在新流程中工作的人来说，是一种非常有效的沟通手段。相应地，他们也就能够理解流程是如何运行的，是如何配合大系统工作的。

企业通常不允许在一些典型的问题上失去客户，因为这些问题会直接造成客户不满意，从而对绩效产生极端的影响。例如，企业会要求在第三声铃声响起时或之前接听电话，要在95%的时间内做到这一点。如果在第六甚至第八声铃声响起时才接听电话，就说明存在问题。仿真模型就是分析这种问题的最有效的方法。通过它，你就可以制订一份员工需求计划，保证员工在95%的时间内都能在第三声铃声响起之前接听电话。

流程再造[①]

流程再造是对组织现存的流程进行彻底的重新设计，让流程

---

① 这一部分的信息采编自维基百科和 GAO 业务流程再造评估手册（*GAO Business Process Reengineering Assessment Guide*）（U.S. General Accounting Office, Version 3, May 1997）。

WHAT IS BPM?

能够更好地支持组织的愿景，减少成本。再造通常在对组织的愿景、战略目标和客户需求进行高阶评估之后开始。一旦组织在反思自己应该做什么，接下来就会反思如何重新设计流程才是最好的。

在对愿景和目标进行整体评估的框架下，再造聚焦于组织的业务流程——经过什么样的步骤、程序，使资源成为产品和服务，来满足特定市场、细分市场和客户的需求。作为一种跨越时间和空间的结构化的工作顺序，业务流程可以再分解为具体的活动，可以测评、可以建模、可以优化。它同样也可以被彻底地重新设计，或者去掉。再造是对组织的核心业务流程进行重新识别、分析和设计，从而在关键业务绩效上获得大幅改善，如成本、质量、服务和速度。

流程再造基于这样的认识，组织的业务流程通常细分成子流程和任务，由组织内的多个职能领域来执行。如前面论述的那样，不会有单一的流程负责人来对所有流程的整体绩效负责。流程再造还认为，对子流程进行优化是可以获得一些改善的，但如果流程自身存在基础性的问题，则不可能获得大幅改善。基于这个原因，流程再造关注对整个流程进行革命性的重新设计，以使组织和客户获得最大的可能收益。从基础层面反思组织应该如何工作，以追求巨大改进，是流程再造与流程改进的最大区别，流程改进

第 5 章 流程改进（改进阶段的工具）

关注的是功能或增量的改进。表 5-1 显示了流程改进和流程再造的差异。

流程再造使用 BPR 原理，通常从新起点开始。这是一个大胆的想法，非常复杂、耗时，而且风险也很大。BPR 不仅意味着改变，而且是革命性的改变。这样的大幅变化要求对组织架构进行重新建模，管理系统、员工岗位职责、绩效测评、激励机制、技能发展和 IT 平台都要跟着变化。BPR 很可能影响业务的方方面面。如此大规模的变化，有可能产生令人羡慕的成功，也可能导致彻底的失败。强烈建议你在走这条路时，谨慎处理，认真研究一下成功和失败的情况。进行业务流程再造的另一个有效的方法是六西格玛设计方法，后面将会进行论述。

表 5-1 流程改进和流程再造的差异

项 目	流程改进	流程再造
• 变革的程度	• 渐进的	• 革命性的
• 起点	• 现存的流程	• 新起点
• 变革的频率	• 持续的	• 一次性的
• 需要的时间	• 短	• 长
• 参与者	• 自下而上	• 自上而下
• 典型的范围	• 窄，限于一些部门	• 宽，跨部门
• 风险	• 中等	• 高
• 主要的使能器	• 技术	• 技术
• 变革的类型	• 文化/结构	• 文化/结构

WHAT IS BPM?

六西格玛

六西格玛的起源要回溯到 60 年前，第二次世界大战后日本企业管理界致力于学习"全面质量管理"，并于 20 世纪 70—80 年代取得突破性进展。六西格玛是一套方法论，为组织提供了一个改善业务流程能力的工具。它提升流程性能并降低流程变动，从而减少缺陷，显著提升收益、员工士气和产品质量。简言之，六西格玛的目标是帮助员工和流程交付无缺陷的产品和服务。

六西格玛有以下 3 个方面区别于其他质量或流程改进活动：

1. 它是关注客户的方法
2. 追求并跟踪项目的投资回报
3. 改变管理业务的方式

六西格玛是一个业务活动，也是一个质量活动。它促进整个组织时刻准备好，以满足市场、技术和客户的需求变化。

六西格玛是充分结构化的、数据驱动的方法，它追求在业务各个方面消除缺陷、浪费和质量问题——不管是制造方面还是服务方面的，大的或小的——并通过渐进式的流程改进方式来实现。

第5章　流程改进（改进阶段的工具）

这套方法论很好地融合了多种方法，包括流程统计控制技术、数据分析方法，以及对组织内部各层级的涉及流程的员工进行系统培训。

下面列出了六西格玛的主题：

1. 关注客户

对客户的关注是最大的优先级。改进项目是由其对客户价值和满意度的影响来测评的。

2. 事实和数据驱动的管理

六西格玛不基于意见和假设来行动，而是强调对组织绩效的测量措施是必要的，然后采集数据和分析关键变量。通过这种方式，问题能够得到更高效的定义、分析，并且永久解决。为了支持数据驱动的决策和解决方案，需要回答以下3个根本问题。

- 我真正需要的是什么信息/数据？
- 我如何才能充分发挥这些信息/数据的潜力？
- 要做这些工作，我的测评系统足够精确吗？

3. 流程是关键

改进流程是增强竞争力的途径，可以更好地向客户交付价值。

WHAT IS BPM?

4. 前瞻性管理

这个方法聚焦于阻止问题的产生，追问应该如何正确地做事情，而不是事后的追溯。

5. 合作无边界

六西格玛打破组织内部各个业务和部门间的隔阂，反对竞争和不良沟通，让每个人都为客户提供价值而工作。

6. 追求完美，但能够容忍失败

如果人们知道有办法可以接近完美，但是害怕风险和后果，他们就永远不会尝试。实施六西格玛的组织把持续追求完美作为一个目标，同时也愿意管理和接受偶尔的挫折。

用一个基本的数学概念来表示，Y（输出）等于 X 的函数（输入和流程）。在业务中，我们通常把所有的注意力放在输出（维修、返工、回收）上，这就造成了更多的时间和金钱的消耗。

六西格玛要求我们去关注输入和流程，因为它们影响了输出。图 5-3 是这个概念的图形化展示。如果我们能够控制输入，并且改进流程，那么输出就会自动改善而不需要重新做什么事情。

如果有人说他们在使用六西格玛，这是什么意思？他们在使用什么样的方法论？大多数时候，他们在使用 DMAIC（Define、Measure、Analyze、Improve、Control，定义、测评、分析、改进、控制）方法，这是因为他们当前的产品或服务达不到期望的要求。

第 5 章 流程改进（改进阶段的工具）

由于包含的内容太过宽泛，本章先讨论 DMAIC，之后再简要介绍其他方法——六西格玛设计（Design for Six Sigma，DFSS），它可以用来设计或再设计完整的流程。

$Y=f(X)$
"Y 等于 X 的函数"

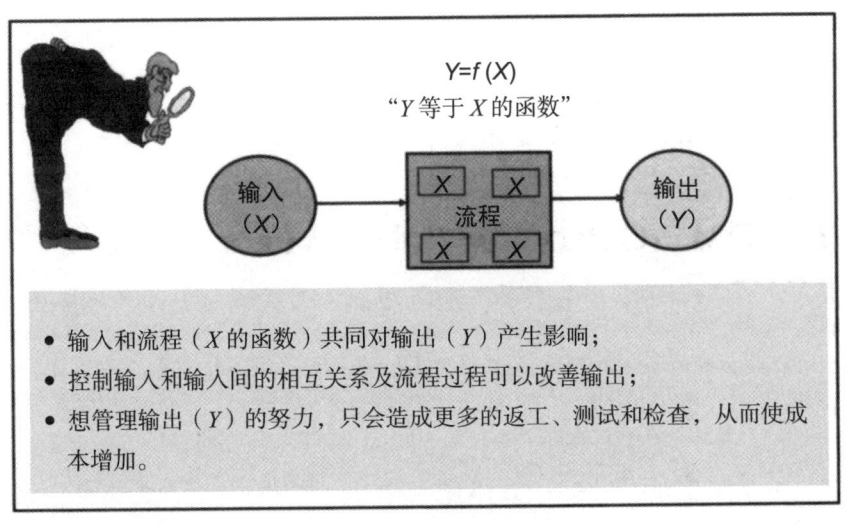

- 输入和流程（X 的函数）共同对输出（Y）产生影响；
- 控制输入和输入间的相互关系及流程过程可以改善输出；
- 想管理输出（Y）的努力，只会造成更多的返工、测试和检查，从而使成本增加。

图 5-3　六西格玛的精髓

DMAIC 解决问题的过程

组建 DMAIC 团队的目的是充分利用各种机会，解决流程问题。团队通常由一个经过训练的专家带领，会有 3～10 个成员，他们代表流程相关的各个部门。团队将在更大的组织范围内开展互动，访谈客户，采集信息，团队提出的建议会影响哪些人的工作，就与哪些人交流。

WHAT IS BPM?

DMAIC 生命周期的步骤

- 精准立项。管理者检查可能的项目清单,选出最有可能被团队解决的项目。

- 建立团队结构。选择一个黑带或绿带专家,并配置团队成员,成员要对流程工作有良好的知识储备,并且不拒绝流程改变。

- 制定章程。章程内容包括实施项目的原因、目标,基本的项目计划、项目范围、业务案例、团队成员的角色和职责。这是一份对问题做出书面描述的重要文档,应该由发起人和团队来共同起草。

- 培训团队。培训 DMAIC 的工具、使用方法和涉及的流程知识。

- 执行 DMAIC,实施解决方案。团队要开发试验方案、培训材料,制订项目计划和他们提出的解决方案的操作程序。团队还要负责实施和测评,并且对结果进行阶段性的监控。

- 移交项目。DMAIC 团队的工作完成以后,方案要移交给流程负责人。通常情况下,团队的部分成员会留下来继续工作,帮助管理好流程和解决方案,推动持续改进。别的

第 5 章 流程改进（改进阶段的工具）

团队成员会返回自己的工作岗位，他们在项目过程中学到的新技能和获得的新经验还可以用到别的地方。

DMAIC 解决问题的模型

1. 定义

团队制定的章程把工作焦点定义为项目的蓝图。接下来，团队要识别客户，倾听客户需求，把客户的语言转换成有意义的需求信息。然后，画出高阶的流程图。这个图通常会描述出当前流程的 5～10 个主要步骤。高阶流程图的绘制意味着所有的团队成员达成了共识，并准备好进入下一个主要步骤。

2. 测评

这一步有两个主要目标：收集数据以确认并量化问题或机会，以及开始检索事实和数据，寻找线索，分析造成问题的原因。同时，团队还会检查并分析数据采集系统，保证它有足够的精确性来实施严格的测评。以下三个测评方法可以用来查找问题的根源：

- 输入。进入流程的任何事物都要转变成输出，差的输入造成差的输出。
- 流程。流程中的事物可以进行追踪和测评，这通常有助于团队准确地找到并追踪问题。

- 输出或产出。输出或产出是流程的最终结果。最终结果包括即时的结果，如交付物、缺陷或投诉，还包括长期的影响，如收益和客户满意度。

团队首先要进行输出测评，得出的数据将作为基准，被记录到项目章程中。然后，团队还要进行一些输入测评，采集数据，分析潜在的问题原因。当团队成员确定了测评对象以后，他们也就有了数据收集计划，也就是通过什么方式来收集所需要的数据。这时，应该对流程进行初次六西格玛测评。

3. 分析

团队要确定现存问题的根本原因。要解决好问题，有一个基本原则，那就是要考虑到原因可能有多种类型，要防止因为偏见或过去的经验而造成模糊不清的判断。常见的原因有这几类：程序的、技术的、机器的、原料的、测评的、环境元素的，以及人的原因。应该综合考虑经验和数据，进行流程审查，然后再开始分析，形成初步的原因假设。之后，团队要查找更多的数据，补充证据，来看其是否与假设的原因相吻合。这个分析过程要循环往复，要么假设被推翻，要么继续修正假设，直到真正的根本原因被确定并且由数据所验证。

第5章 流程改进（改进阶段的工具）

4. 改进

一个优秀的团队领导者必须明白，许多团队都试图从项目一开始就直接进入这一步。解决方案必须经过认真的处理和测试。如果某些组织成员的参与对解决方案的实施至关重要，那么就应该先让他们认同解决方案将带来的改变。此外，还必须采集数据，以跟踪和验证解决方案所造成的影响。

5. 控制

这一步的主要目的是防止员工和业务流程退回到过去的旧习惯中，因为旧习惯很可能对人们的工作方式产生长期影响。DMAIC 团队要完成以下具体的控制任务：

- 制定一个监控流程，持续跟踪项目带来的改变；
- 制订应对计划，处理可能出现的问题；
- 通过讲解和演示使项目被其他人了解和接受；
- 把管理者的注意力引向一些关键的措施，这些措施提供了项目当前的结果信息；
- 对于项目的长期目标，争取管理者的支持；
- 让流程中从事日常工作的员工承担项目的责任。

改进流程的六西格玛方法就是 DMAIC 方法。许多行业的组织都在应用这套方法。图 5-4 汇总了这套方法在流程改进中可能用到的工具。

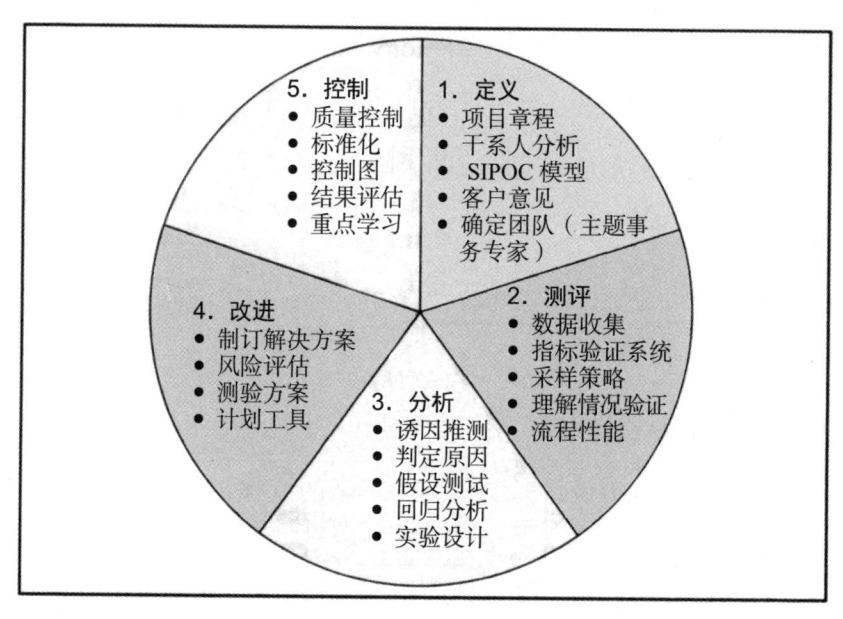

5. 控制
- 质量控制
- 标准化
- 控制图
- 结果评估
- 重点学习

1. 定义
- 项目章程
- 干系人分析
- SIPOC 模型
- 客户意见
- 确定团队（主题事务专家）

2. 测评
- 数据收集
- 指标验证系统
- 采样策略
- 理解情况验证
- 流程性能

3. 分析
- 诱因推测
- 判定原因
- 假设测试
- 回归分析
- 实验设计

4. 改进
- 制订解决方案
- 风险评估
- 测验方案
- 计划工具

图 5-4　DMAIC 工具汇总

六西格玛设计

六西格玛设计是组织在再设计流程或创建新流程时通常采用的方法。六西格玛设计里的步骤或阶段，并不像 DMAIC 那样清晰。六西格玛设计因使用的组织不同而有不同的定义。在完成和

第5章 流程改进（改进阶段的工具）

贯彻一项设计之前，必须充分理解客户的需求和期望，如他们需要产品或服务达到一个多低的缺陷水平。在运用六西格玛设计时，有很多不同的说法。下面将讨论最常用的说法。

用六西格玛进行流程设计或再设计，通常叫做六西格玛设计（DFSS），或者 DMADV（Define、Measure、Analyze、Design、Verify，定义、测评、分析、设计、验证）。其目标并不是修正流程——这是 DMAIC 方法或精益原则的任务——而是用一个全新的、大幅改进的流程来替代旧的流程。在这个意义上，这个概念与流程再造非常相似，它不是修补流程，而是要替换，或者至少大量地重新设计流程。

流程设计或再设计是要创建一个新的流程，以达到指数级的改进，满足来自客户、技术和竞争的变革需求。功能失调的流程必须全部得到处理，并重新创建。DMADV 是 DFSS 最常用的路线图：

- 定义。定义流程设计的目的，使其与客户需求和企业战略保持一致。
- 测评。测评并识别关键质量属性（CTQs）、产品性能、生产流程性能和风险评估。

WHAT IS BPM?

- 分析。通过分析来制订和设计备选方案，完成高阶流程图，评估各个方案的性能，以选出最佳设计方案。
- 设计。设计细节，优化设计，并制订设计验证计划。这一步可能需要仿真。
- 验证。验证设计，设立试点运行，部署生产流程，并将其移交给流程负责人。

精益方法

精益方法的核心概念是以最小的浪费获得最大的客户价值。精益的意思就是用更少的资源给客户创造更多的价值。精益组织理解客户价值，并且关注自己的关键流程，不断提升客户价值，其终极目标是通过零浪费的价值创造流程，给客户提供尽可能完美的价值。

采用精益概念的流程改进方法聚焦于速度、效率和消除浪费，其目标是通过减少浪费让流程处理速度最大化。浪费是基于客户对价值的理解来定义的。以下五个原则定义了精益方法重要的基础概念。

第5章 流程改进（改进阶段的工具）

五个精益原则

- 从客户的角度来明确价值——客户付钱买什么？
- 识别价值流中的所有步骤，并且消除不产生价值的步骤。识别流程中创造价值的和无价值的工作，以及业务需要但不创造价值的工作。
- 把创造价值的步骤紧密连接起来。
- 当流程建立以后，让客户从上游活动中拉动价值。
- 完成前面四条原则后，再从头开始并且持续循环，精益求精、达到完美，也就是创造没有浪费的完美价值。

在应用精益原则的时候，要识别出流程中的步骤，消除那些不创造价值的步骤，确保创造价值的步骤处于正确的顺序。根据需求来决定生产速度，让客户来拉动价值。然后，精益求精，持续循环。

精益工具有很多种，最重要的，也是与 BPM 联系最紧密的工具是价值流程图（Value Stream Map, VSM）。这种工具可以用纸和铅笔（后面可以电子化存档）来帮助你理解原料和信息是如何流动的，产品或服务是如何通过价值流产生的。观看一个价值流程图，你就可以明白端到端的流程，从而识别出哪些步骤不产生真正的价值（如瓶颈、延迟、多余库存、缺陷等）。

WHAT IS BPM?

价值流程图的目的是识别浪费，提供一种持续的、系统的价值流改进方法，这种方法驱动并优化价值流。一个流程或产品的原始价值流程图，通常叫做价值流的当前状态，这就是改进活动的基准，以消除不创造价值的、产生浪费的活动。

价值流程图包括用来设计、生产并为客户提供产品或服务的原料、信息和流程。一个价值流程图应该包括从开始到把产品或服务交付给客户的流程中涉及的所有元素（创造价值的、业务需要但不创造价值的、无价值的）。

流程中创造价值的工作，是那些花在客户愿意付费的产品或服务上的工作。无价值的工作就是流程中的浪费。业务需要但不创造价值的工作是业务运行所需要的，或者保存业务记录所需要的步骤和活动。换句话说，这些工作产生费用，但并不给产品增加价值，而是为了满足业务的其他需要所必须要做的。

价值流程图有助于整体工作的可视化和优化。它把原料和信息流连接在一起，显示出前置时间；它识别出创造价值的时间和无价值时间的比率；它为执行提供蓝图，为更多的量化工具提供框架，并且把精益原则与精益技术结合在一起。

精益是一种学习活动，学习如何减少流程中的浪费及不创造价值的活动和步骤。典型的情况是，80%～95%的前置时间是不创造价值的，或者是浪费的。消除流程中的浪费，你就可以更加

第5章 流程改进（改进阶段的工具）

高效地提供服务，获得更大的收益。可以用缩略词"WORMPIIT"来帮助记住八种浪费：等待（**W**aiting）、生产过剩（**O**verproduction）、返工/缺陷（**R**ework/defects）、移动（**M**otion）、过量加工（**P**rocessing）、库存（**I**nventory）、智力（**I**ntellect）和运输（**T**ransportation）。图 5-5 是各个浪费类型的例子。

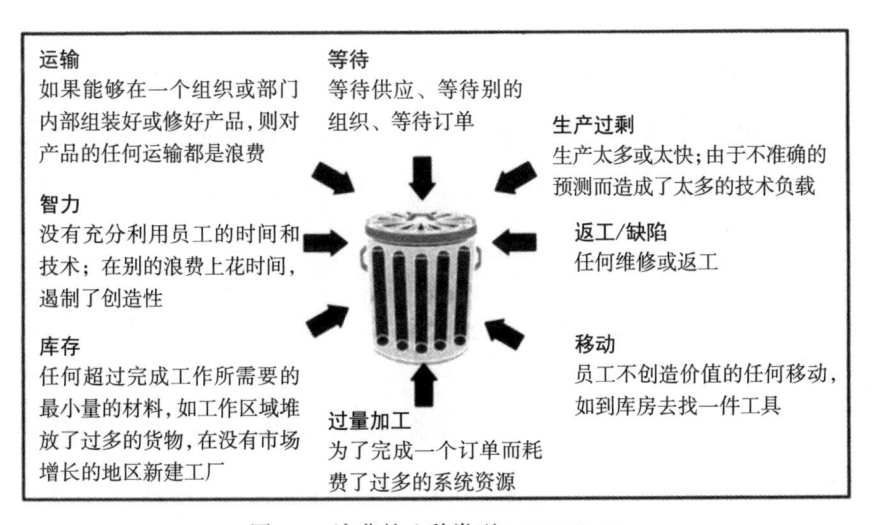

运输
如果能够在一个组织或部门内部组装好或修好产品，则对产品的任何运输都是浪费

等待
等待供应、等待别的组织、等待订单

生产过剩
生产太多或太快；由于不准确的预测而造成了太多的技术负载

智力
没有充分利用员工的时间和技术；在别的浪费上花时间，遏制了创造性

返工/缺陷
任何维修或返工

库存
任何超过完成工作所需要的最小量的材料，如工作区域堆放了过多的货物，在没有市场增长的地区新建工厂

过量加工
为了完成一个订单而耗费了过多的系统资源

移动
员工不创造价值的任何移动，如到库房去找一件工具

图 5-5　浪费的八种类型 WORMPIIT

持续改善

另一种方法也偶尔与精益方法联系在一起，那就是持续改善（kaizen）。在日语里，kaizen 是"为更好而改变"的意思。持续改善是相对较快的流程改进方法。这项技术最初是为生产制造而开

WHAT IS BPM?

发的，但现在也开始被运用到服务行业中。做工作的人是真正知道如何改进的人。持续改善利用参与者来自流程的知识和经验，对流程进行分析，并提出改进的建议。

持续改善活动的循环过程如下：

- 把流程的操作步骤标准化；
- 测评标准化的操作（明确流程周期和在制品库存量）；
- 把测评结果与期望的结果进行对比，找到绩效差距；
- 通过创新来实现期望的结果，并且提高生产率；
- 把新的、改进后的操作步骤标准化；
- 无止境地进行改进循环。

表 5-2 是 DMAIC 方法与精益方法的简单对照。精益方法不会对一个问题进行深度挖掘，可以在较短的时间内完成。DMAIC 方法倾向深入挖掘，找到具体问题，会因为分析和研究的深度而消耗大量的时间。

表 5-2　DMAIC 方法与精益方法的简单对照

DMAIC 方法	精益方法
• 聚焦于子流程	• 消除浪费和返工
• 消除变动	• 改进流动性和速率
• 研究流程问题	• 快速得出结果

续表

DMAIC 方法	精益方法
• 设计性能更高的流程 抓住一个问题深究到底	• 聚焦于系统 在更广的范围内发现问题，但不深究

精益六西格玛

精益六西格玛是融合了精益和六西格玛两种方法的流程改进工具。精益方法聚焦于速度，而传统的六西格玛方法聚焦于质量。结合这两种方法，是为了把两种不同的工具合为一体，以更快地获得更好的质量。图 5-6 列出了精益和六西格玛方法的组合要点。精益原则和 DMAIC 方法直接用来重新设计并改进流程，以满足客户的期望，并维持竞争优势。精益方法关注提升为客户交付产品或服务的流程。DMAIC 方法关注产品或服务的质量，减少客户所看重的特性和功能的变动。对于流程的稳定性来说，不变的、可预测的、可靠的输入是非常必要的——在运用精益原则之前对输入进行处理，就可以严格地改进流程。

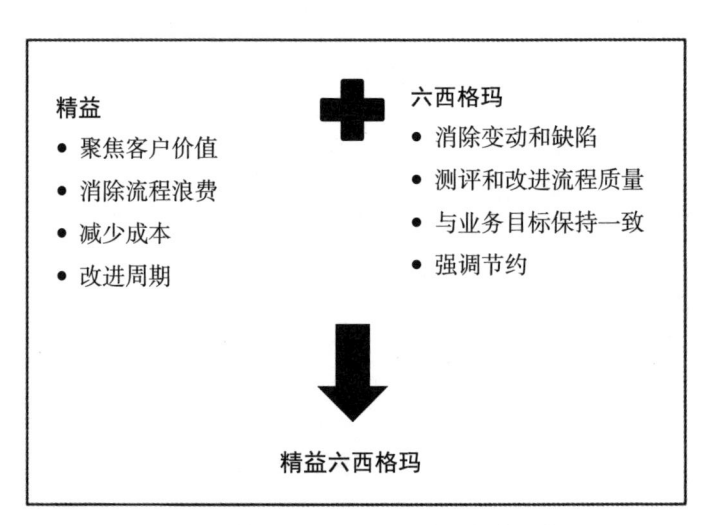

```
┌─────────────────────────────────────────────┐
│  精益                    ✚ 六西格玛            │
│  • 聚焦客户价值              • 消除变动和缺陷       │
│  • 消除流程浪费              • 测评和改进流程质量    │
│  • 减少成本                 • 与业务目标保持一致    │
│  • 改进周期                 • 强调节约            │
│                                             │
│                    ⬇                        │
│                 精益六西格玛                    │
└─────────────────────────────────────────────┘
```

图 5-6　精益和六西格玛方法的组合要点

结论

上述例子展示了当你的业务流程不能满足组织需求的时候，你该如何运用各种工具实施改进。这些工具应该由知识丰富的老手来使用。需要说明的是，这些工具是不同的，各适用于不同的场景和特定的目的，并不能一刀切地拿来改进流程。它们组成了我们的工具箱，我们可以根据实际情况来选择正确的工具。

第5章　流程改进（改进阶段的工具）

读书笔记

WHAT IS BPM?

第6章

流程管理

WHAT IS BPM?

流程管理的基本概念

流程管理涉及组织业务流程绩效的计划活动与监控活动。流程管理是运用知识、技能、工具、技术和系统来定义、评估、改进和管理价值链流程，从而满足客户需求并获得收益的过程。流程管理不同于项目集管理，因为后者关心的是如何管理一组相互关联的项目。但是，流程管理包含项目集管理。在项目管理领域，流程管理的概念是使用可重复的流程来提高项目的产出。表 6-1 是流程和项目的对比。

表 6-1 流程和项目的对比

流　程	项　目
• 持续的	• 多个事件的一次性组合
• 由事件触发的	• 有明确的起止日期
• 随时间而进行的一系列活动	• 具体的一系列任务
• 支持业务交易	• 多个目标的具体组合
• 可复制，可重复	• 每个项目都是独特的
• 根据活动的执行而分配资源	• 根据项目任务来分配资源，当项目结束的时候又重新分配资源
• 持续改进	• 避免发生变更

通常情况下，流程改进是通过执行项目来实现的，这些项目

会采用第 5 章中提到的一个或多个方法。在关键的里程碑，评估者会对项目进行评估，当项目结束的时候，还会进行一次完整的评估，来确定项目的目标和交付物是否达成。而评估者对流程的评估却是经常性的，在流程执行过程中间隔一段具体时间，或在不同的时间框架内评估多重的、变化的目标。

发起并展开新的项目集来推行 BPM

当管理者深入理解了 BPM 的重要性，并且正式决定推行 BPM 的时候，组织就需要发起一个新的项目集来推行 BPM。有关推行 BPM 的项目集的最佳实践包括：

- 清晰地定义角色和职责；
- 有流程评估系统；
- 监控流程绩效；
- 进行跨部门的流程管理；
- 改变管理方式，向流程化转型；
- 对改进活动进行定义和优先级排序，并有效管理；
  - 治理——如何做决策
  - 做好流程组合管理

WHAT IS BPM?

- 监督改进活动

通过以下方法来应用 BPM，可以让组织实现预期的效果：

- 推行 BPM 的项目集要让组织的领导团队感到简单而且可靠，这里说的领导团队包括高管和所有层级的领导；
- 流程既要严密，又要易于理解，要让大家充分理解组织和人需要如何改变；
- 聚焦于业务战略并对工作进行测评，促进战略执行。

在项目集的第一阶段，最主要的目标是向组织内引入 BPM 的基本概念，为业务创建一份高阶价值流程图。接下来就是确定其 KPI，根据收集来的数据，就可以确定绩效差距。完成以上工作后，就可以在更为细节的层面上为核心流程建档。在第二阶段，可以通过流程图、KPI 和差距分析等方法来找到需要改善的核心流程。

这个项目集的假设条件是，高管层要完全同意这次尝试，而且组织要组建一个专职团队，团队成员要学习评估当前业务流程的方法，以帮助大家更好地理解和认识当前的职能领域和流程。这种理解和认识是非常有价值的。然后，这个团队将梳理出价值链和当前业务流程的现状，并为之建档。

职能式组织的管理者负责让组织各个层级的员工参与这个项目集,让他们了解有关这个项目集的情况,并提供关于组织的各种情况和过去的绩效指标,以做出能力评估;要定期与高管人员接触,连续报告流程状况,一起讨论、分析问题;要协调工作顺序,为项目集的工作赋予一定的优先权,以保证项目集在分配的时间范围内完成。

方法

要在一个组织内建立 BPM,就要通过真实体验和实践等手段在全组织范围内创造 BPM 的文化。

第一阶段

第一步:启动项目——识别价值链流程,建立流程清单

在与高管团队会面之前,项目引导师要尽可能地获得以下信息,做好充分准备:

- 关键战略举措的描述;
- 组织的长期目标、中期目标和近期目标的清单;
- 组织架构图(如果可能的话,要标上员工总数);
- 近期客户满意度数据的概要;
- 员工满意度调查的概要;

WHAT IS BPM?

- 近期流程改进工作的概要,包括结果;
- 有助于高管团队理解业务综合情况的其他文件。

访谈

- 访谈高管团队的成员。

制作初步材料

- 准备一份流程清单(价值链流程和支持流程);
- 制作一份价值链的关系图;
- 识别 KPI;
- 共同确定潜在的对标/最佳实践伙伴。

与业务领导团队召开第一次会议

- 阐明各种假设;
- 确定战略目标;
- 提炼流程清单;
- 提炼流程关系;
- 验证并提炼 KPI;
- 讨论绩效差距的大小;
- 初步识别重点。

第6章 流程管理

完成中期工作

- 基于同业务领导团队的第一次会议,提炼重要文档;
- 如果需要,收集与当前绩效有关的数据。

与业务领导团队召开第二次会议

- 回顾第一次会议的结果;
- 就价值链流程(核心流程)的定义达成一致;
- 就支持流程的定义达成一致;
- 识别最高的绩效水平和管理重点;
- 就价值链流程(核心流程)的所属关系达成一致,确定流程负责人;
- 制订流程改进和管理计划;
- 制订 BPM 推行工作的沟通计划。

第二步:制作当前的流程图

在第二步中,只需要画出价值链流程图或核心流程图。对于大多数组织来说,通常只有 5~10 个价值链流程。

完成前期工作

- 在流程负责人的帮助下,识别出每个价值链流程的主题事

WHAT IS BPM?

务专家；

- 就每个流程的边界（起点和终点）达成一致；
- 识别待分析流程的提供者；
- 识别待分析流程的客户；
- 识别待分析流程的所有支持伙伴。

制作当前的价值链流程图

- 召集一次一天的会议，让之前识别出的干系人参加；
- 大家一起合作，制作当前的价值链流程的中阶流程图（15～25步）；
- 确定当前流程的断点（问题、瓶颈、成本、周期方面的问题等）和KPI；
- 干系人就当前的流程图、断点和所需测评方法达成一致；
- 按照通常的方法把断点分组，以识别出潜在的改进项目。

为当前的价值链流程图建档

- 把团队的工作成果转换成电子文档（用Visio、iGrafx等工具），把断点制作成一份Word文件，并确定改进措施；
- 把这些电子文件移交给BPM团队和流程负责人。

第 6 章　流程管理

同主题事务专家和流程负责人一起验证当前的流程文档的结果

- 召开一次跟进会议，与主题事务专家和流程负责人一起评审结果；
- 可能的话，走一遍流程；
- 为当前的流程文档和识别出的 KPI 定稿。

针对识别出来的每条价值链流程重复以上步骤（通常情况下，有 5~10 个价值链流程）。

与业务领导团队召开第三次会议

- 检查当前的流程图的输出；
- 验证价值链流程（核心流程）的定义；
- 验证最高的绩效水平和管理重点；
- 验证价值链流程（核心流程）的所属关系；
- 完成流程改进和管理计划；
- 制订下一阶段的沟通计划。

第二阶段

要把一种新的方法引入一个组织，项目集的发动工作至关重要。如果没有做好发动工作，新方法的引入就注定要失败。在第

WHAT IS BPM？

二阶段，组织将开始流程改进的发动工作。因为这些发动工作对大多数员工来说是可感知的，所以这一步的成功对后续计划的严密执行非常重要。在选择第一个项目时，要考虑以下问题：

- 着眼大局——要展望整个项目集；
- 从一个认真选择的项目开始，建立经验和认可；
- 从小处着手——所选择的项目要有以下特点：
  - 瞄准明显的痛点或问题，能获得员工的信任
  - 有可完成的范围——开始时，不要尝试去解决太大的问题
  - 可行，成功的可能性很高
- 能够显示出投资回报率（Return on Investment, ROI）——能够节约成本，工作更高效，做得更快。

要在组织内成功推行 BPM，还有一些因素需要考虑。比较好的策略是采取渐进的方法以获得业务和信息技术上的收益，如识别正确的试点项目，设定符合实际的期望，在业务/流程负责人和 IT 部门之间建立良好的合作关系。此外，还需要有结构化的方法，就像前面提到的，要聚焦于战略（包括业务战略和 BPM 推行战略）。项目团队应该尽早成立，在启动计划、过程和结构设计上多下功夫。而组织则应该建立强大的治理机制。

第 6 章　流程管理

与治理相关的一些重要角色要明确下来。要建立一个指导团队，这个团队是跨部门的，并且要有决策权。确定一个项目发起者，他既要对流程有兴趣，也要有权力根据需要做出改变。需要确定流程负责人，他应该是这样一个人：通过流程执行，他收益最大或损失最大。还需要有一个项目引导师，他受过 BPM 方法的训练，掌握流程改进的相关知识。如果你的组织缺乏这些资源，那就需要借助外部的咨询团队，直到通过培训和锻炼建立起内部资源。

WHAT IS BPM?

读书笔记

第7章

流程化管理的企业

WHAT IS BPM?

如果组织决定要发动一场战略行动，不管是不是叫做 BPM，都不要忘记其根本目的：提升并维持组织绩效。要确保这次行动成功，组织的执行管理团队在做行动设计时就必须考虑到人、历史和文化这些因素。行动计划的各个方面必须要有系统性。组织中的每个人都应该知道并且明白将要发生什么。

在执行新的战略计划时，必须考虑到的最基本的问题是：不要试图成为另一家企业。要研究那些在流程管理方面取得成功的企业，寻找"行业一流"的例子。管理者要挑选适合自己企业的战略或战略元素，并且内化它们，大胆地将其融入企业的战略，使其成为自己的、有效的战略。企业还要注意，不要把那些有效的东西排除在外。

有两点需要考虑。第一，必须采取一种面向全企业的战略来驱动企业各个领域的变革。这是管理者最重要的目的。第二，企业应该依靠管理团队自己的经验和知识来建立战略，采用可获得的最好的工具和方法，并且研究新方法。

流程化管理的企业的关键元素

流程化管理的企业是根据自己的核心业务流程来进行架构、

第 7 章　流程化管理的企业

组织和管理的，也是基于流程绩效来进行测评和奖赏的。流程化管理的业务有以下关键元素：

- 实现了流程组合管理，流程有流程负责人；
- 流程与企业战略保持一致；
- 有变革管理流程；
- 有开发新流程的方法；
- 有分析新旧流程影响的系统方法；
- 有定制和组合流程的能力；
- 有分析和持续改进流程的方法；
- 有流程的仿真模型。

为了实现 BPM 的全部价值，组织需要改变自己的文化，就像实施其他举措时一样。这种组织包括这些特点：有持续的流程改进战略；具有流程驱动的预算与资源分配机制；流程执行直接支持战略的执行；流程架构与信息技术架构捆绑在一起。

流程化管理的企业依靠 BPM 方法来管理绩效，并且聚焦于价值链或核心流程的持续改进。BPM 的关键元素包括清晰定义并建档的流程、明确的流程绩效目标、流程负责人、不间断的测评，最终实现核心流程的持续改进。

流程的所有权关系是必不可少的。在任何流程化管理的企业

WHAT IS BPM?

里，流程负责人都是核心人物。流程负责人必须是高级管理者，应该为那些关键的、跨部门的核心流程的绩效和改进负起责任。流程负责人的职责是：

- 流程定义；
- 流程执行；
- 流程监控；
- 流程分析；
- 流程设计；
- 流程部署；
- 绩效管理；
- 财务分析；
- 变革管理。

迈向流程化管理的路线图

迈向流程化管理从识别关键干系人开始，他们是高级管理团队。接下来，用这些管理者能够理解的术语和情景来定义 BPM。财务方面的收益应该是清晰的、好理解的。要判断随着时间的推移 BPM 能够产生多大价值。提供一个差距分析，以及改进后的

第7章　流程化管理的企业

场景和收益。制定一个长期（2~3年）的实施路线图。

为BPM建立卓越中心（Center of Excellence，COE）是推动企业向流程化管理转型的一个方法。BPM卓越中心有时也称为业务流程管理机构。这个机构在战略层面关注如何使企业向流程驱动和流程化管理转型，熟练的BPM专业人士通过它来履行职责，包括以下方面：

- 确保所有的核心流程都处于组织的价值链上，明确这些流程应该如何相互配合才能构成价值链；
- 为核心流程指派流程负责人，促进流程负责人和BPM专业人士之间的正式对话；
- 建立一套规范的、可测评的流程管理计划；
- 传播为客户交付价值的关键的核心业务流程的信息，在全组织范围内达成共识；
- 培育向流程化管理转型的企业文化。

在组织内实施BPM将给业务引入许多内容，最主要的方面就是流程治理。流程治理的关键点如下：

- 建立起机制和政策以确定谁被授权就核心业务流程做出决定；

WHAT IS BPM?

- 建立起机制和政策以测评和控制在核心业务流程中执行决定的方法。

流程治理是企业治理的扩展。它明确了与发起和部署流程改进措施相关的决策权。它包括一系列政策和机制，关于如何进行企业流程的定义、部署、维护和监控，以及如何对这些活动进行测评和控制。流程治理还力图将流程管理的灵活性与传统IT架构的控制性融合在一起。

流程治理架构帮助组织回答下列问题：

- 如果流程改变了，会发生什么？
- 你如何确定核心流程在高质量地运行？
- 你如何确定新的核心流程与技术、业务和规章制度是一致的？你如何确定核心流程的可靠性？

流程治理战略的执行计划有几个关键要素。它们必须在得到高级管理者的认可之后才能够实施。第一，必须运用组织的目标和战略来制定在组织内引入并运用BPM的原则。第二，流程治理的活动范围和责任问题必须明确。第三，高级管理者必须对流程治理有明确的目标并一致认同。第四，组织的架构和风格必须清晰识别和定义，包括谁有责任和权力做出相应的决策，并与之

第 7 章　流程化管理的企业

前达成的范围分管原则保持一致。

流程治理工作，或者流程治理战略的执行可以分为以下两个方面：

- 流程管理方面。我们应该对哪些流程进行投资，为什么？组织应该向哪些地方分配资源以产生最大的回报，我们该如何测评并确保这些回报确实能够实现？这方面的流程治理工作主要是流程管理者的职责。
- 卓越中心方面。在改变业务流程的时候，应该采取什么样的规则、方针、方法、工具和标准？这部分主要是流程办公室或卓越中心的职责。

图 7-1 说明了流程治理的概念。

在实施流程治理时应该以组织的四个关键领域为中心：人、流程、技术和服务。建立一个卓越中心是实施流程治理的重要机制，卓越中心通常设在 IT 部门里。这种机制相当于建立了一个共享的资源和能力中心，当有新的业务应用需求出现时，它就扮演资源池的角色。贯彻流程治理需要得到常规的层级式组织汇报架构的支持，而且这样得到的资源通常与在 IT 部门中找到的资源是相重叠的。

WHAT IS BPM?

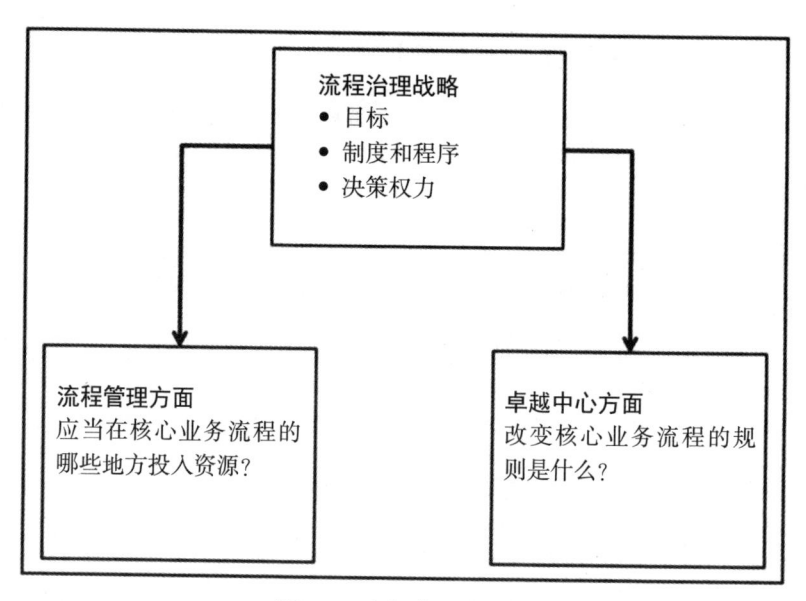

```
           流程治理战略
           • 目标
           • 制度和程序
           • 决策权力
          ↙              ↘
 流程管理方面          卓越中心方面
 应当在核心业务流程的    改变核心业务流程的规
 哪些地方投入资源？     则是什么？
```

图 7-1　流程治理的概念

企业要接受流程化管理有很多障碍,其中包括缺乏对 BPM 的理解，以及缺乏对组织流程的理解。一个组织很可能没有管理和控制流程的方法及其支持架构。此外，企业要完全转变到流程化管理，还可能受到这样的阻碍：端到端的业务流程定义工作十分缓慢，倾向采用典型的行业组织术语和流程术语，以及业务流程中天然存在的公私对抗。

流程成熟度

流程成熟度描述的是核心流程离完成程度有多远，还有多久

第7章 流程化管理的企业

才能够通过定性测评和反馈来实现持续改进。一个流程要达到成熟状态，就必须完全实现有效、自动化、信息可靠及持续改进这几个方面。当前，有多个基于定性方法的成熟度模型。

以下是一个测评流程成熟度的框架示例。流程的成熟度可以分成6个阶段，从0阶（最不成熟）到5阶（最成熟）。流程的高阶成熟度包含低阶成熟度的特性，换句话说，这些特性是累积的。最低的水平是0阶，这种情况下在实际活动中没有流程。图7-2是典型的成熟度模型的结构。

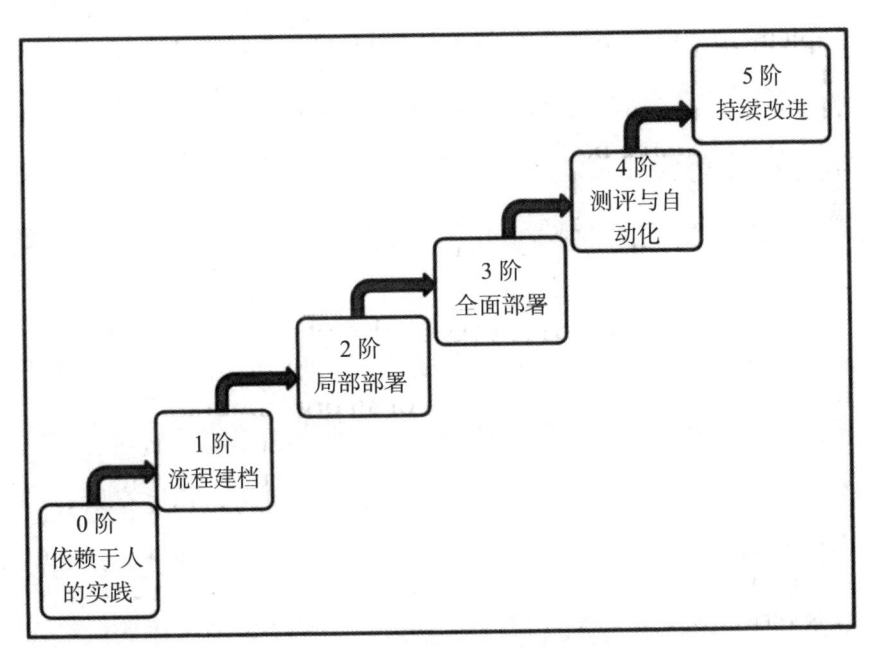

图7-2 典型的成熟度模型结构

WHAT IS BPM?

0 阶——依赖于人的实践。在这个成熟度水平上，活动在执行，但没有建档。换句话说，不管是活动的轮廓还是细节都没有被记录。活动完全依靠人来执行，当重复执行的时候，顺序、时间和结果会发生变动。这个水平需要大量的监管活动。要想完全达到想要的结果，或者按时完成，根本没有保证。活动完全是临时性的，部门之间几乎没有沟通，活动的效果完全依赖于个人。当活动的主体改变时，知识迁移可能发生，也可能不发生。用这种方法来运行业务非常不可靠，成本也很高。

1 阶——流程建档。在这个成熟度水平上，流程已经建档，并且经过了监管者或授权者的审查和批准而成为标准流程，但是真实执行的活动很可能与文档描述的活动存在差异。这可能是因为在文档起草以后出现了流程偏差或较大的变动。总体来说，文档是有的，但没有进行维护，也没有进行规范性审计。

2 阶——局部部署。在这个成熟度水平上，建档后的活动正在部署，但是部署过程中存在不一致的情况。流程可能没有全面部署，也就是说，并没有在所有预期的地点部署，没有在所有的部门部署，没有被所有预期的参与者执行，流程中定义的活动没有得到全部执行。这就意味着，在设计文档时没有考虑到弹性需求。在不同区域的流程参与者之间，其结果存在着不一致性。

3 阶——全面部署。在这个成熟度水平上，建档的流程和实

第 7 章　流程化管理的企业

际部署的流程之间不存在不一致的情况。建档的流程和部署的流程能够满足多方面的需要：预期的位置、参与者，以及需要执行的活动。职能部门和其他业务流程之间实现了流程的无缝对接。

4 阶——测评与自动化。在这个成熟度水平上，流程有了自己的目标，如遵从关键流程指标：质量、周期、客户满意度、成本等，并依据流程目标来测评流程。流程由一些使能器系统性地驱动，如企业资源计划、客户资源管理，或者其他定制的软件。

5 阶——持续改进。在这个成熟度水平上，组织要经常性地分析流程的既定目标是否达到，并进行改进。流程能够经常性地达到时间进度、成本目标和客户满意度水平，而且还通过持续质量改进技术（如六西格玛、持续改善或精益原则）来强化这些目标。使能系统也会不断改进，通过防错（Poka-Yoke）之类的策略来进行校准。

从 BPM 的起步，到它的成长与成熟过程，组织的核心流程经常得到改进。但并不是组织的所有价值链流程都会这样。有的流程仍然会停留在较低的成熟度水平。这说明，组织并没有实现整体的流程成熟和全面应用 BPM 原则。也有这样的情况，一旦流程失去监控，或者没能根据底层业务流程的变化及时修订文档，流程的成熟度水平就会下降。因此，一个全面实行流程化管理的企业，它的核心流程可能处于不同的成熟度水平。

WHAT IS BPM?

真正流程化管理的企业的 7 个特征

想要成为一家流程化管理的企业，你不仅要像前面描述的那样管理好流程，还要审视你的业务是如何组织、如何运作的。研究表明，流程化管理的组织有以下几个普遍的特征：

- 与战略一致。BPM 与组织目标的一致性如何？
- 治理。核心流程的责任明确赋予了吗？流程管理的支持机构设立了吗？
- 流程文档。组织的核心流程是否已经定义并建档？
- 变更管理。有关核心流程变更的规则已经建立了吗？
- 流程绩效。组织在测评核心流程的绩效吗？在测评流程管理的成熟度吗？
- 流程改进。组织是否在持续改进并优化核心流程？
- 工具和技术。组织是否采用软件工具来辅助管理核心流程？

第 7 章 流程化管理的企业

面向流程的管理

让我们来看看，如何依据组织的管理架构来评估它的流程化情况。可以用以下几个标准来判断组织的管理架构是基于职能的还是基于流程的。

- 基于职能的组织。这种组织在本质上是层级式的，根据任务来划分边界、管理者，不会考虑到流程活动。这是种垂直的组织架构，与之相对的是横向的，或者叫基于流程的组织架构。垂直的组织架构以职能、产品、运营等为基础。总体来看，在基于职能的组织里很少或没有流程式的思维。
- 流程式思维的组织。这种组织接受流程管理的概念，并且尝试去理解组织的流程是如何在一起运作的。组织有流程式思维，了解流程的基本原理，但是组织架构并不是基于流程设置的。
- 聚焦于流程的组织。这种组织管理端到端的核心业务流程，并且将其与职能部门的活动和目标紧紧捆绑在一起。组织有流程管理的架构，正在向横向管理转型。组织正在把流程思维集成到内部架构中。

WHAT IS BPM?

- 基于流程的组织。这种组织完全实现了端到端的流程管理。职能活动嵌入了流程中,高级管理者担当流程负责人,已经实现了横向管理。

一旦你判断出你的组织当前处于什么位置,未来想向何处发展,你就可以制订一个行动计划来让这些变化发生。并不是所有组织都需要成为完全的流程化管理组织。大多数流程管理较为成功的组织都有一个混合模型。具体情况取决于组织本身、它所处的行业、它的文化,以及类似的因素。

在发起一场流程管理行动之前,组织应该评估一下自己的流程、流程管理方法、能力,以及组织文化,然后再确定该如何推进、什么样的步幅是比较实际的。这场行动不应该由外部力量驱动——例如,竞争对手正在搞流程管理。

第7章　流程化管理的企业

读书笔记

WHAT IS BPM?

第8章

BPM 的工具和技术

WHAT IS BPM?

BPM 工具和技术的主要分类

BPM 工具范围很广，从基本的绘制流程图工具开始，包括业务流程分析工具、企业建模平台，以及 BPM 套装工具。

- 基本的绘制流程图工具是一些简单的软件包，比较便宜，可以帮助用户画出流程图。这些软件包没有分析功能。Visio 软件是这类工具的一个典型例子。许多较为复杂的产品都提供一个接口，用来导入 Visio 文件。

- 业务流程分析（Business Process Analysis，BPA）工具是单独的建模软件，提供流程建模、绩效仿真与优化，以及设计新流程的功能。iGrafx 软件就是 BPA 工具的一个例子。

- 企业建模平台是企业级的建模解决方案，可以帮助团队对组织的业务流程和系统进行可视化、分析、建档和优化。它使用户能够建立组织、流程、数据和系统的模型。

- BPM 套装工具（Business Process Management Suite，BPMS）是软件架构产品，提供建模、设计、部署、执行、分析和优化端到端业务流程的功能。它把任务流同人和系统整合到一起，提供接口来访问系统、员工、客户和合作伙伴之间的资源和信息交换情况,通过采集流程执行信息来实现持续的流程改进。今天,许多软件技术企业都能提供 BPM 套装工具。

BPMS

不要把应用 BPMS 当成"BPM 的全部"。BPMS 是一个技术使能器——它让你能够把到目前为止讨论过的 BPM 的各个方面付诸实践。BPMS 的理念是通过使能技术来支持 BPM 方法的应用。BPMS 应该让所有干系人都能够坚定地理解核心流程及其绩效,应该促进业务流程的全生命周期变革。这有助于让活动自动化,开展协同,与其他系统集成,集成价值链上的合作伙伴,等等。例如,因为日常任务和活动的数量多且复杂,所以通常有必要采用一些技术来对它们进行高效建模。这些模型有利于对业务问题进行自动化处理。在监控业务流程的时候,它们还可以发挥辅助作用。有人把 BPM 看作信息技术和业务之间的桥梁。事实上,有观点认为,这种方法在职能组织和技术组织之间架起了一座跨越鸿沟的桥梁。

BPMS 有以下四个重要的组件:

WHAT IS BPM?

- 流程引擎。这个组件是强大的平台，用来建模和运行流程程序，包括流程规则。
- 业务分析。这个组件让管理者能够识别出业务问题和变化趋势，生成重点报告和仪表盘（Dashboards），并采取相应的措施。
- 内容管理。这个组件提供一个系统来存储和保护电子文件、图片，以及其他文档。
- 协作工具。这个组件通过论坛、动态工作空间和留言板等功能来消除部门内部和部门之间的沟通障碍。

图 8-1 是 BPMS 工作流，显示了 BPMS 中涉及的所有界面。

BPMS 的底层概念是流程逻辑外显化。这就意味着它不同于企业资源计划，也不同于客户关系管理系统，在这些系统里流程逻辑是嵌入软件内部的。BPMS 采用这些软件提供的活动，并把它们合成在流程自身所定义的序列里，这样，用户就可以轻松地变化流程逻辑。BPMS 依靠新一代的集成中间件，让用户平衡现有系统，并把它们的功能按照用户定义的方法进行合成。

第 8 章 BPM 的工具和技术

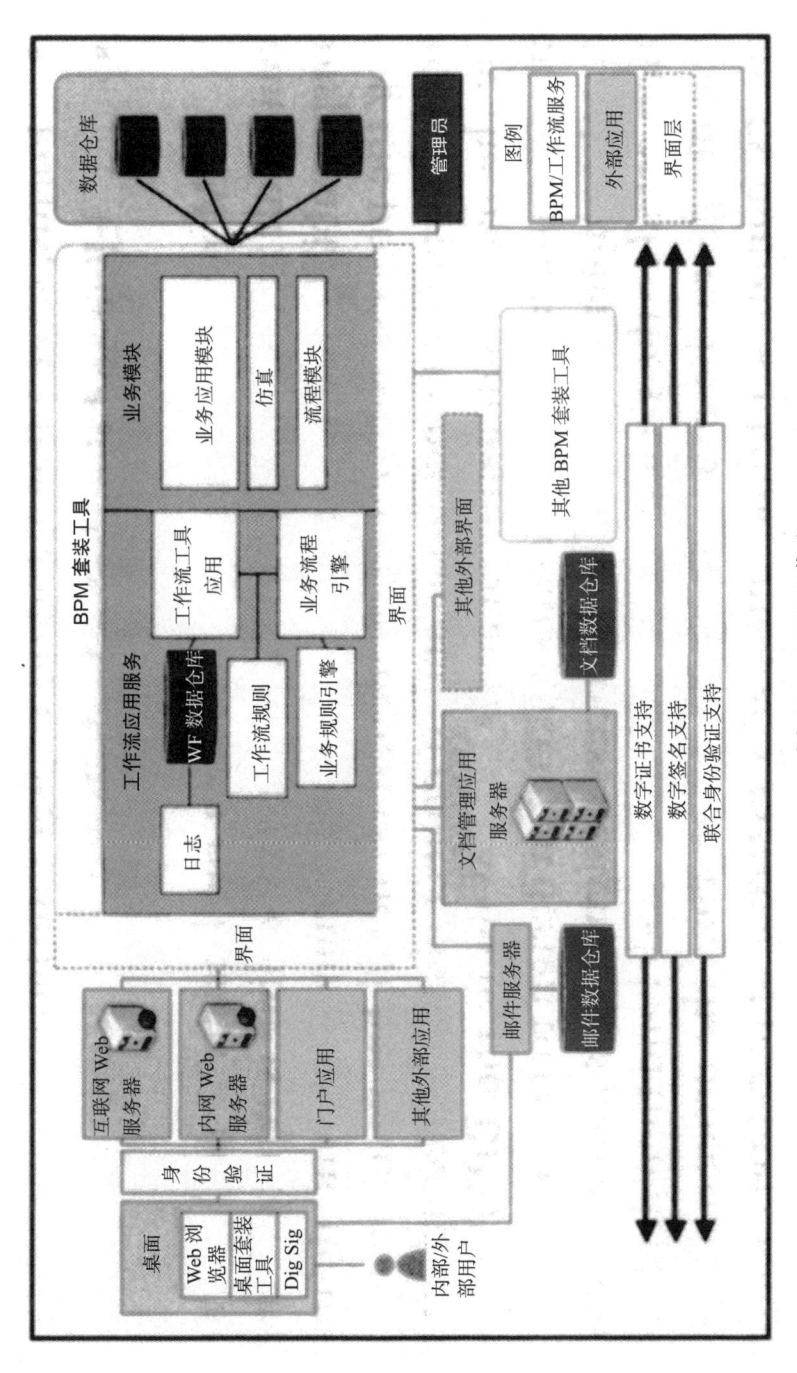

图 8-1 BPMS 工作流

WHAT IS BPM?

在 BPMS 里，流程设计工作就像画业务流程图，你应该将它作为 BPM 活动的一部分。BPMS 把不同的人工任务和系统功能连接起来。它的好处是实实在在的：它不仅仅描述出事情的变化，而且你还可以把流程图部署到流程引擎中，它会按照流程图来运行。很少，或者不需要编程，业务流程就能实现自动化。流程逻辑在执行的同时，还会生成数据，可以用来持续监控绩效和 KPI。

BPM 也解决 IT 系统和业务驱动的关键问题，包括以下几点：

- 管理端到端的、面向客户的流程；
- 合成数据，增强数据和关联信息的可视化和可访问性；
- 增强当前架构和数据的灵活性和功能性；
- 集成现有系统，并且平衡新技术；
- 为业务和 IT 的一致性建立通用语言；
- 人工任务管理；
- 业务规则管理；
- 论坛、屏幕流，以及其他界面；
- 建模和仿真分析。

BPM 为业务和 IT 系统提供了对话通道，因而能够产生真正的协同。流程建模是典型的业务功能职责，在没有执行细节的情况下对流程进行定义和建档，但是通过仿真分析的方法充分考虑

第 8 章 BPM 的工具和技术

到了绩效目标和项目绩效指标。然后，通过 BPMS，模型自动生成框架设计，由 IT 系统在执行时使用。流程设计师给由模型创建的框架添加执行细节，然后把框架设计部署到流程引擎中，由流程引擎来运行流程，使人工任务自动化，再通过中间件集成外部软件，执行业务规则。流程在运行的时候会记录日志数据，由 BPMS 的绩效管理组件进行分析，计算许多同样的 KPI，这些 KPI 最初就是由模型映射出来的。流程运行时还会显示管理仪表盘中的图形、警报，并自动升级处理程序，等等。在许多 BPM 套装工具中，绩效数据都能够反馈给模型，以开始新一轮的绩效增强、仿真等。

投资 BPMS 有如下理由：

- BPMS 迫使你重新思考流程，并且增加灵活性以应对变革。在今天的商业领域里，面对互联网、智能手机、无线网、Web 服务、全球配送功能和运营外包等新事物，你需要不断地重新思考你的流程功能处于什么状况，以及你如何才能保持先进并领先于竞争对手。
- 你需要花费更少或同样的成本去做更多的事情。达到更高的效率、更短的周期、更高的产量，却不必增加人手或设施——这就是今天的商业的本质。流程自动化的能

WHAT IS BPM?

力非常重要，但不在某个具体的业务内，而是在全部价值链流程上。

- BPMS 在全组织范围内推广对建档的流程的遵从、控制和一致使用。

- BPMS 提供了敏捷性——在商业环境下应对变更的能力、更换新技术、向市场快速投放新产品和新服务，以及对竞争压力做出反应。

- BPMS 通过收集数据为流程负责人提供结果的方式，使持续改进得以循环开展。

BPM 和 BPMS 是最佳实践

美国生产力与质量中心（American Productivity and Quality Center，APQC）的研究表明，"BPM 是最佳实践的组织从事业务活动的方法"。他们还发现，即使企业在 BPM 的应用方面是成熟的，技术对于他们的持续成功也是至关重要的。

本书的第 4 章阐述过，BPM 包括四个阶段：建档、评估、改进和管理。BPMS 的应用为这四个阶段作为一个整体自动运行提供了所需的机制。简单来说，BPMS 是组织成功实施 BPM 的运输

第8章 BPM 的工具和技术

工具。建档阶段识别出价值链流程和流程指标，这是 BPMS 的根本出发点。评估阶段要监控绩效，这个功能包含在 BPMS 中。改进阶段识别需要改进的流程或流程片段，而数据是由 BPMS 提供的，同样，你还能发现问题所在，实施改变，进行仿真，这些活动都因为使用了 BPMS 而变得容易多了。管理阶段要求你对价值链流程进行持续监控，并保持对它的控制，而这些同样可以通过 BPMS 来完成。

图 8-2 显示了 BPM 的生命周期各个阶段，也显示了它与 BPMS 的功能相重叠的关系。你可以清楚地看到 BPMS 是如何与在组织内实施 BPM 的种种活动发生直接联系的，它提供了实施 BPM 所需要的全部要素，使之自动化并易于使用。

BPMS 平台实现了流程自动化和信息传递，当需要某种技能时，可以方便地将相关人士纳入流程。在这样的软件环境里，你可以对流程进行设计或再设计、仿真、运行、监控和分析。它还允许组织将我们讨论的各种方法运用到所设计的流程中去，以实现尽可能的最高效。BPMS 在人和 IT 系统之间搭建业务流程，把数据放入相应的语境中，令其转换成有意义的业务信息，而不是简单地把数据从一个系统传递到另一个系统。它向流程的参与者发布有用的信息，让他们能够及时地做出有依据的决策。从管理者的角度来看，BPMS 是在收集并分析流程指标(如周期和成本)，

WHAT IS BPM?

因而能够对绩效和价值进行精确的跟踪。

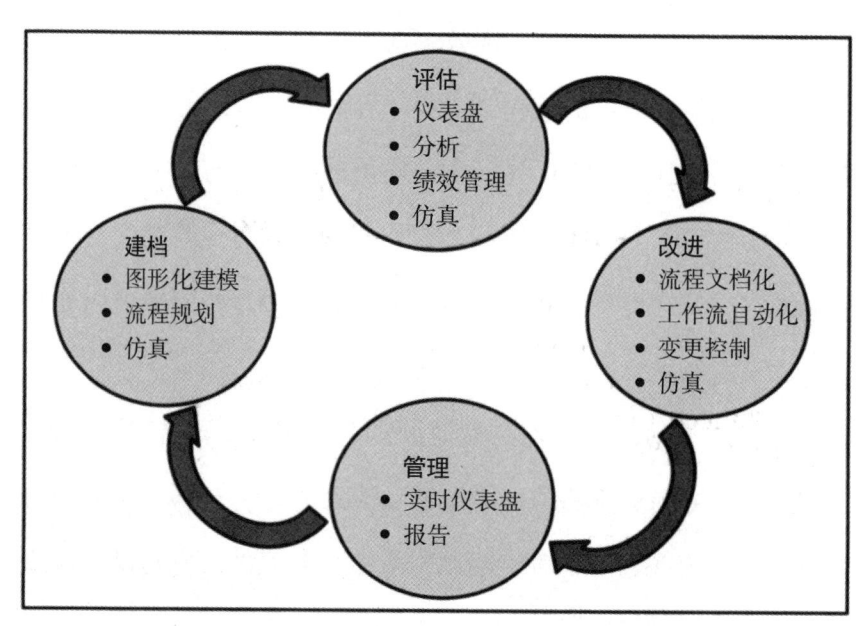

图 8-2 BPM 生命周期的各阶段及其与 BPMS 的功能相重叠的关系

BPMS 平台要跨越多个软件系统来监控业务活动。如果在业务正常运行时突然发生了某个事件，这个平台会决定该事件是否需要人或系统来处理，是启动自动处理程序还是提示员工来进行干预，并引导他们完成流程操作。BPMS 还提供运行仪表盘，显示流程绩效的实时报告，以及流程对业务有什么影响，哪些流程可以进一步改进。

关于流程管理的各种方法已经兴起多年了，如业务流程再造、精益方法和六西格玛。对业务的长期成功来说，持续的流程改进

第 8 章 BPM 的工具和技术

非常重要,但这些方法并没有发挥出全部潜力。这并不是因为这些方法在应用中被错误理解了(这是难以避免的),而是因为它们与最终的收益没有直接联系,也与支持跨企业持续流程改进思想的技术没有任何直接联系。

BPM 和 BPMS:以改进业务流程为共同目标

BPM 方法论及 BPMS 是面向流程的行动取得成功的两个根本保证。表 8-1 概述了 BPM 概念是如何通过应用 BPMS 来得到巩固的。BPM 方法论基于已经验证了的业务原理,它把企业的目标集成到流程执行活动中,而 BPMS 则提供了良好的基础,从而能够在全企业范围内设计和执行这些想法。

表 8-1 BPM 和 BPMS:以改进业务流程为共同目标

	BPM	BPMS
方法	分析战略,研究如何通过核心业务流程来产生价值	用自动化和优化的环境驱动业务流程
数据	识别 KPI,再用它们来识别改进重点	从企业的软件系统中提取数据,进行监控和改进
流程改进	通过因果分析工具来寻找流程改进重点	以人机交互的形式显示流程运行图

WHAT IS BPM?

续表

	BPM	BPMS
实施流程改进	为了实施改变和测评，而使系统文档化	对记录下来的变更，自动化处理程度更高，执行速度更快
测评	对关键指标进行常规监控	用仪表盘的形式来显示生成的 KPI

　　BPM 和 BPMS 的共同目标是通过改进业务流程来减少成本、增加收益，并提升客户满意度。组织今天面临着很多挑战，如数据存储在组织的各个系统里，手动处理，既缺乏标准，也难以监控。BPM 的分析方法，与 BPMS 的自动化和优化方法结合在一起，为组织所面临的流程和技术挑战提供了解决方案，而且这个方案还与组织的财务目标紧密相关。后面将讨论一些具体方法，如 BPMS 是如何补充 BPM，解决流程和数据难题，同时带来投资回报的。

数据监控

　　通常情况下，企业要管理好自己的核心流程和数量庞大的子流程，再加上运行这些流程所需要的数据。这需要花费大量的资金来采购企业级的系统，以处理业务的计划、预算、预报、管理和分析问题，还要额外花费时间和金钱来培训自己的员工使用这些系统。难题是，很多流程和关联数据分布在多个交易系统中，使数据采集和分析工作变得非常麻烦，有时甚至是不可能实现的，不管之前在技术方面做了多大投资都没用。典型的 BPMS 会跨越多个与流程相关的系统来监测业务流程数据。它们查找业务事件中符合或不符合业务规则定义的部分，并根据这些事件来发出警报。BPMS 具有集成组件，能够与其他应用软件相集成，在任何应用软件和它自己之间推送、获取数据。有了这些功能，企业就可以把流程改进活动扩展到整个组织，无论流程的具体位置在哪里，有什么数据或人员与之关联。

流程改进的设计与执行

改进流程的一个挑战是，它们经常牵涉多个 IT 系统。结果，要改进流程，就要对流程所涉及的多个 IT 系统进行修改。修改大型软件系统的成本十分高，需要从关键资源那里获得金钱和时间，而这些在最初进行系统部署的时候就已经花费了。

为了应对这种挑战，大量的人工被投入流程，采取易变的、低效的人工作业程序。这会造成更多的错误和更长的处理时间，加剧浪费。BPMS 平台解决了这个问题，它设计和运行的流程能够联系多个应用软件。它允许流程在应用软件之间搭起桥梁，根据需要采集数据，而不必考虑数据的来源。它监控流程，不放过任何超出正常参数的事件。一旦这种事件发生，它就按照预先定

WHAT IS BPM?

义的业务规则，要么启动一个子流程进行自动处理，要么发出这里需要人工处理的指令，从而召唤人员进入流程。

测评：仪表盘

BPMS 收集数据，并将其放到业务流程的语境中。这些数据需要经过测评和分析，转换为有意义的信息，才能被流程负责人用来对流程绩效做出有依据的决策。此外，可能还需要针对流程绩效本身生成新的数据，这样管理者才能判断哪些流程改进进度慢了，哪些流程已经改进成功。对持续的流程改进来说，这一点非常重要，因为它为流程负责人和企业的管理者提供了具体的流程绩效信息，他们需要这些信息来从战略层面应对业务环境的变化。这些数据可以像一个仪表盘那样显示出来，展现业务流程的完整图景，流程负责人和管理者可以对其进行洞察和控制，而这在之前是不可能的。BPMS 的这种功能为管理者提供了他们所需要的指标，用来对不间断的流程改进做出决策。

结论

BPM 的分析方法可以在全企业范围内持续地改进流程。通过 BPM 软件来设计和执行核心业务流程，可以进一步增强这种方法

第 8 章　BPM 的工具和技术

的作用。BPMS 监控各个系统，查找业务事件，从不同的系统中提取关联数据，在正确的时间向恰当的人展示信息，因此，流程得以快速和一致地执行，而错误则大大减少。它创建了一个图形化的授权环境，让非技术背景的业务流程负责人能够快速、容易地对核心业务流程进行定义或修改和部署。当流程事件发生的时候，BPMS 采集指标，把数据交付给管理者，管理者则根据这些数据对流程进行分析、修改、改进和实时控制。

BPMS 的应用改变了原有的状况。设计 BPMS 的目的就是要加快新性能建设的速度，比之前部署的 IT 系统更快地交付价值。当代的 BPMS 平台提供了丰富的功能，可以用来进行流程建模、仿真、执行、控制和管理。BPMS 能够实现复杂的流程交互，连接内部和外部的应用软件，让业务线和职能线的流程实现无缝对接。BPMS 致力于复杂的流程管理，包罗现存的系统和应用软件。

WHAT IS BPM?

读书笔记

第9章

BPM 资源

WHAT IS BPM?

如果组织有兴趣部署 BPM 系统，将有许多资源可用。这些资源来自学术研究机构、顾问机构、咨询机构、学术会议、专业协会、出版物、软件供应商和培训服务商。

BPM 社区

学术研究机构

- 百森商学院，流程管理研究中心（Babson College, Process Management Research Center）；
- 波士顿大学（Boston University）；
- 伊利诺理工大学（Illinois Institute of Technology）；
- 印第安纳州立大学（Indiana University）；
- 西北大学（Northwestern University）；
- 麻省理工学院（Massachusetts Institute of Technology）；
- 斯蒂文斯理工学院（Stevens Institute of Technology）；
- 芝加哥大学（University of Chicago）；
- 威得恩大学（Widener University）。

第9章 BPM 资源

顾问机构

- 阿伯丁集团（Aberdeen Group）；
- 业务流程趋势企业（BP Trends）；
- 业务流程协会（BPM Institute.org）；
- 德尔菲集团（Delphi Group）；
- 福里斯特研究机构（Forrester）；
- 高德纳咨询企业（Gartner）。

咨询机构

- 埃森哲（Accenture）；
- 毕博管理咨询有限企业（BearingPoint）；
- 凯捷安永咨询有限企业（Cap Gemini Ernst & Young，CGEY）；
- 计算机科学企业（Computer Science Corporation，CSC）；
- 德勤有限企业（Deloitte）；
- 国际商业机器企业（IBM）；
- 毕马威企业咨询有限企业（KPMG）；
- 许多精品咨询企业（Many Boutique Consultancies）；
- 许多软件供应商咨询企业（Many Software Vendor Consulting Services）。

WHAT IS BPM?

学术会议

- 业务流程研究机构大会（BPM Institute.org's Conference）;
- 高德纳业务流程管理高层会议（Gartner Business Process Management Summit）;
- IIR 业务流程管理大会（IIR BPM Conference）;
- 软件供应商与用户大会（Software Vendor User Conferences）;
- IQPC 业务流程管理和六西格玛大会（IQPC BPM and Six Sigma Conferences）;
- ASQ 六西格玛大会（ASQ Six Sigma Conferences）。

专业协会

- 业务流程管理专业协会（Association of Business Process Management Professionals，ABPMP）;
- 美国生产与库存管理协会（American Production and Inventory Control Society，APICS）;
- 美国质量学会（American Society for Quality，ASQ）;
- 美国培训与发展协会（American Society of Training & Directors，ASTD）;
- 国际流程分析师协会（International Institute of Business Analysts，IIBA）。

第9章 BPM 资源

出版物

- 简报、杂志和在线资源；
- 业务流程趋势企业的出版物（BPM Trends）；
- 业务流程协会的出版物（BPM Institute.org）；
- 头脑风暴中心（BrainStorm Central.org）；
- 首席信息官杂志（*CIO* Magazine）；
- 智能企业杂志（*Intelligent Enterprise* Magazine）；
- 艾六西格玛企业（iSixsigma.com）；
- 流程卓越网的出版物（Process Excellence Network Publications）。

软件供应商和培训服务商

- 业务流程趋势企业（BPM Trends）；
- 业务流程协会（BPM Institute.org）；
- 绩效设计实验室（Performance Design Labs）；
- RBG 咨询集团（Rummler-Brache Group）。

WHAT IS BPM？

流程改进工具包

这里列出一些在执行流程改进项目时可以用到的工具包。你可以在 http://www.isixsigma.com 进一步查找这些工具的相关信息，包括图表和指南。

生成创意和组织信息的工具

- 头脑风暴（Brainstorming）。这是激发创意的方法。它有一些比较典型的基本规则，如"没有什么主意是坏主意"。头脑风暴最大的用处是能够发挥群体的力量，从大家的想法中构建小组的想法。
    - 以它作为起点
    - 它的基本目的是得到一系列解决方案以供选择
    - 选择范围将逐渐缩小，最后得出最终方案
    - 头脑风暴可以用来得出可能的措施，然后提出创造性的解决方案
- 亲和图（Affinity Diagramming）。这个工具用来把大量的数据进行逻辑分类，分类依据是可以感知到的关系或某种概念性框架。在头脑风暴的时候，引导师和员工会对数据

进行分组。最终的图表显示出问题和分类之间的关系。然后对类别进行分级,把重复的问题合并起来,让视图简洁。

- 通常在头脑风暴之后用这种方法来评估各个点子
- 最好能让大家保持安静,在对点子进行分组的时候不要讲话

• 多轮投票法(Multivoting)。这个工具根据重要性进行排序,适用对象包括一系列的点子、问题和常见原因等。要排序的清单里通常包括一些(一般是 3~5 个)可以控制的项目。这是一个小组活动,每个成员都可以对每个选项的重要性投票,并依优先程度赋值,得票最多的项目,应该给予最先考虑。

- 这个方法用来缩小点子或其他选项的范围
- 这个方法通常用在头脑风暴之后

• 树状图(Tree Diagram)。这个工具用来把点子逐步分解到更深入的细节层次。头脑风暴得出点子之后,它显示出各个点子之间的相互关联或层次关系。它的目的是把大的点子或问题分解成更小的部分,让点子更好理解,或者问题更好解决。这个方法可以用来把客户的主要需求分解成更多的具体的要求。

WHAT IS BPM?

- 高阶流程图（SIPOC Diagram）。SIPOC 是"Suppliers，Inputs，Processes，Outputs，Customers"（供应商、输入、处理、输出、客户）的意思。你从供应商那里得到输入，经过加工处理后增加价值，产生输出，满足或超出客户的要求。这种方法可以防止你在画流程图时有所遗漏。
  - 在画庞大的流程图，识别可能的测评指标时，建议使用这个方法
  - 它显示出组织流程中的主要活动和主要的子流程，也显示出了流程框架
  - 它有助于定义流程的边界和关键元素，而不至于关注太多细节却丢掉大局
- 流程图（Flowchart）。流程图是对流程的图形化表示，从起点到终点，显示出输入、路径、线路、行动或决策点，一直到最后完成。它可以用作操作手册，或者为分析细节、优化工作流程和服务提供便利。
  - 它显示出流程的细节，包括任务、程序、路径取舍、决策点和返工回路
  - 它显示出流程当前是如何工作的，或者它应该如何工作
- 因果分析图/鱼骨图（Cause-and-effect Diagram/Fishbone Diagram）。这个工具用于解决用头脑风暴找出的各种质量

问题的原因，用各个分枝来对这些原因进行逻辑归类。

- 它用头脑风暴来找出产生问题的原因
- 各种原因及原因的原因连接在一个结构树上
- 它并不说明根本原因，它帮助人们查找依据，逐步推测出什么地方要关注于解决措施，什么地方要进一步分析原因

采集数据的工具

- 采样（Sampling）。相比统计流程中的每个指标，这个方法要更加现实。计数或测量全部指标会很困难，成本也很高。
- 操作性定义（Operational Definitions）。操作性定义是对将要观察和测量的内容进行清晰的、可理解的定义，这样的话，不同的人在采集、使用和解释数据的时候都能保持一致性。操作性定义是一个指导性概念，告诉人们应该测评哪些属性，以及如何测评。
- 检查表和数据表（Checkbeets and Spreadsheets）。这些工具用来采集和组织数据，确保采集到恰当的数据，并采集到所有情况，如事件是什么时候发生的，发生了多少次，涉及哪些客户。这些可以是简单的表格和调查问卷，也可以是复杂的图表，显示出哪里有错误，哪里有损坏。

- 检测系统分析（Measurement Systems Analysis，MSA）。这是一种实验性的数学方法，用来判断检测系统的变动对整个流程的变化有多大影响。它有助于测量检测仪器、标尺和其他测评手段的有效性。
- 客户的声音（Voice of the Customer，VOC）。VOC用来描述客户的显性需求和非显性需求。有多种手段可以采集客户的声音：直接的讨论或访谈、问卷调查、焦点小组、客户说明、观察、担保数据、现场报告等。
  - 这些方法采集外部客户的输入，评估需求并排序，给组织提供持续的反馈
  - 使用的工具可以是简单或复杂的市场研究方法、需求分析方法和新技术，如数据仓库和数据挖掘

流程和数据分析工具

- 过程流分析（Process-flow Analysis）。这个方法通过流程图或关键工作过程图来仔细检查流程中的冗余、不清晰的接口、不必要的决策点、延迟、瓶颈和返工。要分析问题的根本原因，找到线索，它是最快的方法之一。
- 增值与非增值分析（Value-and Non-value-added Analysis）。这个方法根据详细流程图里的每个步骤给外部客户提供的

真实价值，对其进行评估，以此消除流程中不必要却消耗资源的内容。要注意的是，不可能消除所有的非增值活动，因为其中有一些是用来保护组织，或者满足合法性要求的。

- 图表和图形（Charts and Graphs）。这些是数据的可视化。不同类型的图表和图形用来显示数据的不同内容，包括：
  - 帕累托图（Pareto Chart）。这个柱状图把一组数据进行分类，从最大的到最小的进行对比。它用来判断最多的问题是什么或最多的原因是什么，哪些问题的影响最大。帕累托图采用 80-20 法则，即 80% 的结果是由 20% 的原因引起的。
  - 直方图（Histogram）。它显示一定范围内的数据的分布或变化情况，如尺寸、年龄、成本、时间长度、重量，等等。在做直方图分析的时候，主要看柱状图或曲线的形状、分布的宽度或范围，或者模式的数量。
  - 运行图（Run Chart）。它显示趋势随着时间的变化而变化的情况。
  - 散点图（Scatter Diagram）。它用来检查流程中两个因子之间的直接联系，看它们是否有相关性。如果两个指标显示出一定的关系，那么有可能是其中一个引起另一个的变化。一个因子增加，另一个因子也增加，称为正相关；一个因子增加，而另一个因子减少，称为负相关。

实施流程管理的工具

- 项目管理方法（Project Management Methods）。有水平的组织很早就意识到了强大的项目管理能力的重要性：计划、预算、日程表、沟通、人员管理和专业的项目管理工具。

- 潜在问题分析及失效模式和后果分析（Potential Problem Analysis and Failure Mode and Effects Analysis）。这两个方法既用在部署新流程的时候，也用在新流程日常运行的时候。两个方法都从头脑风暴开始，查找可能出错的内容。然后，对潜在的问题进行重要性排序。最后，通过想办法阻止风险的发生，同时想办法限制偶然性，从而减轻最大的风险。

- 干系人分析（Stakeholders Analysis）。识别有关人员和群体，分析他们对项目或方案可能有什么看法，如何才能争取他们的帮助或支持。

- 力场图（Force Field Diagram）。它显示促进变革的因子与反对或抵抗变革的因子之间的关系。它用来制订计划，为关键的变革争取支持。

- 流程建档（Process Documentation）。有效的、清晰的、整体不复杂的流程文档，如流程图、任务指南、措施等，都是要建立的。
- 平衡计分卡和流程仪表盘（Balanced Scorecards and Process Dashboards）。它们简要描述关键指标，督促人们对问题和机会予以及时注意，并实时反馈。通常情况下，这些工具要描述输出（Y）、流程和输入（X 的函数）的指标，超出了传统的财务数据范畴。流程改进活动要求组织内全体员工具备新的能力，即能够持续记录流程的当前绩效、趋势和关键指标所反映的问题。

统计分析的工具

- 统计分析测试（Tests for Statistical Analysis）。这个方法寻找一组组数据之间的差异，看它们是否有意义。这些测试包括 T 测试、卡方检验和方差分析。
- 相关分析与回归分析（Correlation and Regression）。这些工具测试流程或产品中的变量之间的相互关系、影响强度和本质关联，具体包括回归系数、简单线性回归、多元回归和响应面测试。

- 实验设计（Design of Experiments，DOE）。DOE 是一组设计和实施控制实验的方法，用来评估一个流程或一个产品的表现，通常测试的是两个或多个属性在不同环境下的表现。除了有助于瞄准问题的原因，DOE 对于最大化解决方案的产出也很重要，称为优化结果。

读书笔记